知っているだけで大違い！
授業を創る知的ミニネタ45

土作 彰 編著

JN069032

おめでとう

でとう

拍手で称賛！

黎明書房

まえがき

　かつてこんなテレビ番組がありました。中華料理の達人と料理好きな小学生がチャーハン対決するというものです。使う食材も器具も全く一緒。特に食材は最高級のものでした。審査員は「舌の肥えた」タレントの方々でした。判定は……。何と小学生が勝ったのです。この結果には達人は憮然とした表情で「ええ？　なんでえ？」とショックを受けていました。判定したタレントのみなさんも驚いていました。「そうだよなあ。ショックだろうなあ。しかし人の感覚なんてあてにならんなあ」と複雑な思いで番組を見ていました。

　しかし次の瞬間，次のような思いが閃きました。「授業もそうだよなあ。良いネタがあればそれだけで子どもたちを惹きつけることができるに違いない。授業の進め方とか意見の拾い方とかの名人芸はボチボチ身に付けていけばいいやん。そうして30年も経てばそこそこの力量を持った教師になれるんちゃうか？」

　そう信じて若い頃はとにかくネタ収集に明け暮れました。10年間でかなりの蓄積となり，それからは自己研鑽の目標を授業運営法にシフトして，さらに20年の年月が流れていきました。

　そうして今，私が30年前に立てた仮説が実証されつつあることを確信しています。つまり，

> ## 若いうちの教師の力量はネタ数で決まる

のです。（後日，私はこの考えを「ミニネタチャーハン理論」と名付けました。）

　そのような経緯で立ち上げた日本教育ミニネタ研究会も 2018 年で立ち上げから 20 年となりました。色んな方々のお力添えで「ミニネタ」ということばも広まり，研究会で開発，収集されたミニネタが書籍，ＤＶＤなどで 1000 本近くは手に入るようになりました。

　今現場では急速な若返りが進んでいます。若手教師の力量形成が急務の課題です。若い先生方には，とにかくたくさんの教育情報を持ってほしいです。そうすれば「ブラック」な現場も何とか回していけるはずです。それと同時並行で，授業運営法とか哲学とか勉強していけばよいのです。

　本書には明日の授業で役立つネタが満載です。どうかたくさん知って授業で使ってみてください。きっと子どもも教師も笑顔になれるはずです。そうして教職って楽しいなあ！　と 1 人でも多くの先生に思っていただければ，こんなに嬉しいことはありません。

日本教育ミニネタ研究会
代表　土作　彰

も く じ

第2章　学級経営と授業をスムーズに 流せるようになるネタ

第1章

知っているだけで大違い！
授業に使えるミニネタ

国 語

1 難読漢字フラッシュカード

【効能】

　学習する漢字はもちろん，難読漢字もあっという間に読めるようになります。

【準備物】

・フラッシュカード

★フラッシュカードの作り方★

　B6判くらいの厚紙を多数用意します。表面に赤の油性ペンで読ませたい漢字，裏面に読みを書いておきます。20枚1セットくらいがちょうどよいですが，子どもたちの実態によって増減可能です。

　ネットで難読漢字を検索すると，カテゴリー（動物，植物，国名など）別にまとめられているサイトがあるので活用するとよいでしょう。

【やり方】

①　授業開始と同時に教師は所定の位置に立ちます。（右図参照）

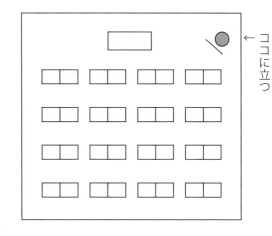

②　子どもたちが全員集中していなくても，表面の「亜米利加」「英吉利」「仏蘭西」を見せながら「アメリカ」「イギリス」「フランス」と，教師がリードして大きな声で読んでいきます。子どもたちはその声を復唱していきます。

③　最初は教師の後について読ませていきますが，回を重ねてきたら，時々教師が読むのをやめて「これ，何？」という具合に聞きます。

④　すべてのカードを子どもたちの7割近くが読めるようになったと思ったら，次のカテゴリーに進むとよいでしょう。同じカードを長期間使用するとダレてきます。集中力が下がります。

⑤　声は大きく出させます。その方が脳への刺激が強くなり，早く覚えられるからです。「大きな声出している人ならあっという間に覚えて今年1年で1000枚は覚えられるよ」などと励ましてあげるとよいでしょう。

⑥　また記憶力のよい子を立たせて一人で全部言えるかチャレンジさせるとクラス全体のモチベーションがアップします。

（土作　彰）

9

2 ドリル音読暗唱法

【効能】

　大きな声でスラスラと音読できるようになります。また，ペアでやるとリレーションが深まります。さらに，授業開始とともに行うことで子どもたちをペースに乗せることができます。

【準備物】

・漢字ドリル

【やり方】

① 漢字ドリルには 20 の例文を掲載しているページがあります。

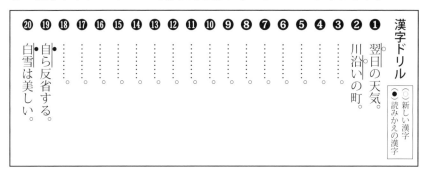

② まずは教師が例文❶を読み，その後に子どもたちが復唱します。いわゆる「連れ読み」です。

③ 「全員起立。例文❶〜⓴をハッキリ声を出して読みます。読んだら座って２回目の練習をして待ちなさい」と指示を出します。

④ 「次はスピードチャレンジです。例文❶〜⓴をできるだけ早く，スラスラ何秒で読めるかやってみましょう。全員起立。ようい，スター

ト！」と言ってチャレンジ
させます。

⑤　全員が座ったら一番早く
に座った子を指名して，み
んなの前で披露させます。
この時，速さを追求するあ
まりに何を言ってるのかわ
からない子がいますので，
「ちゃんと聞き取れないと
アウトね」と最初に釘を刺しておきます。

⑥　時には教師もお手本を見せるとよいでしょう。ガチで早いところを
見せてもよいし，わざと負けてあげるのもよいでしょう。

⑦　次はペアで交互に読みます。片方が例文❶を読み，次に相棒が例文
❷を読みます。すぐに交代して例文❸，また交代して例文❹……とい
う具合に奇数と偶数の例文を交代交代に読んでいくのです。

⑧　終わったら今度は大きな
声で例文を読む練習です。
教室の両端にわかれて（右
図参照），⑦と同じペア読
みを行います。当然教室中
が大きな声で一杯になりま
すので，大声を出さざるを
得ません。

⑨　終わったらまた座席につ
いて⑦を繰り返します。全
員が座ったら終了です。

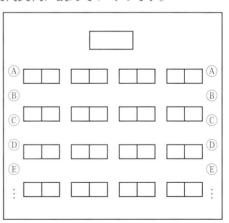

Ⓐ～Ⓔはペアの立つ位置

（土作　彰）

3 リード式暗唱指導法

【効能】

　短期間で効率的に暗唱することができるようになります。また，子どもたち同士のリレーションが深まります。

【準備物】

・暗唱教材（作り方は p.16 参照）

【やり方】

① 　最初は教師が連れ読み（p.10）をします。短ければ一気に読み終えて復唱させますが，長い場合は 1 文ごとに区切るなどするとよいでしょう。

② 　その後に各自 3 回ほど音読させます。

③ 　二人ペアになります。順番を決めて，先になった子は暗唱教材を見ずに，今音読した文を暗唱していきます。もちろん途中で途切れるはずです。

④　そこで，もう一人の子が続きを教えてあげます。例えば，先になった子が「親譲りの無鉄砲で……」と，ここで途切れたとします。すると，ペアの子が「子どものときから……」と，教材を見ながら続きの頭の部分を教えてあげるのです。つまり，片方の子が友達を「リード」していくのです。それで「リード式」と名付けました。

⑤　そうして最後まで読み終えたら交代します。

⑥　時間があればペアを交代してどんどん繰り返していきます。5分もあれば，かなりの回数を練習することになります。

⑦　時間がきたら全員を着席させます。そして「もう覚えたという自信のある子はいますか？」と聞き，チャレンジャーがいたら，みんなの前で暗唱してもらいます。

⑧　多少途切れても，まさしく教師がリードして，続きの頭を教えてあげればよいでしょう。

⑨　そして最後は全員で練習です。この時「自信のある子は何も見ずにやりましょう。途中で忘れたらガンガン教材を『カンニング』しましょう。もちろん最後まで教材を見ながらでも構いませんよ」と言います。

⑩　こうして1週間もすれば，ほぼ8割の子が新しい暗唱教材を覚えてしまいます。

（土作　彰）

4 暗唱定着法

【効能】

クラスの中で暗唱できる子が，無理なく日に日に増えていきます。

【準備物】

・暗唱教材（作り方は p.16 参照）

【やり方】

①　まずは音読から始めましょう。文字を見ることで，子どもたちは今から暗唱する文章の内容を，頭の中でイメージすることができます。

②　回数は多ければ多いほど覚えやすくなります。ここで大切なのが次の公式です。

強度×頻度

　つまり，できるだけ強い刺激（この場合，大きな声を出して聴覚から強い刺激を入れます。また，教材文を何度も見ることで視覚からも刺激を入れます）を，できるだけたくさん入れていくことが大切なのです。子どもたちには，このことを話して大きな声のほうがよい理由を伝えましょう。

③　「国語 3　リード式暗唱指導法」（p.12）などで授業中に指導したら，その後は毎時間の最初に，その最新教材を暗唱させます。算数でも社会でも体育でも（笑）。そうすれば一日に最低 5 〜 6 回は暗唱することになります。まさに「頻度」なのです。

④　暗唱をまだ覚えきってない子には，暗唱教材を見ながらやることを指導します。教材を手に持ちながらも，ところどころ「覚えたなあ」と思ったところは，何も見ずにチャレンジしてみることが有効であることを伝えましょう。

⑤　暗記が得意な子は，かなり早い段階でクリアします。そこで，時々「完璧に覚えた子はいますか？」と聞き，みんなの前で披露させます。クラス中のモチベーションが上がります。

⑥　誰か一人の子が暗唱している時に，声は出さないが口を動かしている子がいます。そんな子を見つけたら大いにほめてあげます。「友達が練習しいる間も惜しんで練習するような子は，きっと将来たくさんの物事を覚えることができますよ！」と，ほめてあげましょう。

⑦　最初は声が小さかった暗唱も段々大きくなってきます。教師の感覚で「7〜8割」の子が達成したら，次の新教材へ進みましょう。このタイミングが，子どもたちを飽きさせません。

⑧　教材文の長さにもよりますが，このペースなら年間で 20〜30 の教材を暗唱することができるようになります。

（土作　彰）

5 暗唱教材の作り方

【効能】

子どもたちは本気になって暗唱にチャレンジし始めます。

【準備物】

・名作などが載っている本

【作り方】

① まずは子どもたちに読ませたい文章を選びます。筆者は『声に出して読みたい日本語』（斎藤孝著，草思社文庫）を参考にしました。また，ネットでもたくさん紹介されていますので，素材の収拾にはさほど困らないはずです。

② 次に，教材として耐えられるように加工します。本などはそのままコピーしてしまう荒技もありますが，著作権の問題もありますので，手書きかコピペがよいでしょう。

③ 題名，作者，書き出しの第1文の3点で構成します。B4の紙にだいたい4～5編を掲載します。あまりに長いと子どもたちの意欲は削がれてしまいます。適度に短いほうが達成感があり，たくさんの作品を覚えられた気がしますので，子どもたちの意慾は高まります。

④ 1枚を1～2ヵ月のペースでこなしていくとよいでしょう。授業での扱い方については「国語3　リード式暗唱指導法」（p.12），「国語4　暗唱定着法」（p.14）で紹介した通りです。暗唱を毎日行うことで授業にペースが生まれてきます。

⑤ 教材はファイルなどに入れさせておき，いつでも取り出せるように

しておきます。

⑥　発達障害のある子がいる場合にはいくつかの配慮が必要です。

　　まず文字を大きくすること。ルビを大きく打つこと。そして，それ

ぞれの文の下にハンコ欄を作っておきます。

⑦　達成したら合格印やサインを入れてあげます。子どもたちは喜んで

チャレンジするようになります。

（土作　彰）

※「暗唱教材①②」（p.18，19）を掲載します。実際に使われる時は，A4

　（141％）もしくは，B4（173％）に拡大してご使用ください。

暗唱教材①

氏名（　　　　　　　　　　）

五行（ごぎょう）

木（もく）　火（か）　土（ど）　金（きん）　水（すい）

十干（じっかん）

甲（こう）　乙（おつ）　丙（へい）　丁（てい）　戊（ぼ）　己（き）　庚（こう）　辛（しん）　壬（じん）　癸（き）

十二支（じゅうにし）

子（ね）　丑（うし）　寅（とら）　卯（う）　辰（たつ）　巳（み）

午（うま）　未（ひつじ）　申（さる）　酉（とり）　戌（いぬ）　亥（い）

二十四節気（にじゅうしせっき）

立春（りっしゅん）　雨水（うすい）　啓蟄（けいちつ）　春分（しゅんぶん）　清明（せいめい）　穀雨（こくう）

立夏（りっか）　小満（しょうまん）　芒種（ぼうしゅ）　夏至（げし）　小暑（しょうしょ）　大暑（たいしょ）

立秋（りっしゅう）　処暑（しょしょ）　白露（はくろ）　秋分（しゅうぶん）　寒露（かんろ）　霜降（そうこう）

立冬（りっとう）　小雪（しょうせつ）　大雪（たいせつ）　冬至（とうじ）　小寒（しょうかん）　大寒（だいかん）

暗唱教材②

氏名（　　　　　　　　　）

『坊っちゃん』　夏目漱石

親譲りの無鉄砲で小供の時から損ばかりしている。小学校に居る時分学校の二階から飛び降りて一週間程腰を抜かした事がある。

『吾輩は猫である』　夏目漱石

吾輩は猫である。名前はまだ無い。
どこで生れたか頓と見当がつかぬ。何でも薄暗いじめじめした所でニャーニャー泣いていた事だけは記憶している。

『蜘蛛の糸』　芥川龍之介

或日の事でございます。御釈迦様は極楽の蓮池のふちを、独りでぶらぶら御歩きになっていらっしゃいました。

『杜子春』　芥川龍之介

或春の日暮です。
唐の都洛陽の西の門の下に、ぼんやり空を仰いでいる、一人の若者がありました。

『李陵』　中島敦

漢の武帝の天漢二年秋九月、騎都尉・李陵は歩卒五千を率い、辺塞遮虜鄣を発して北へ向かった。

国 語

6 漢字ドリルで部首指導

【効能】

部首を覚えることができます。

【準備物】

・漢字ドリル

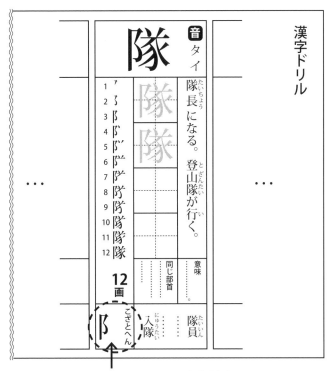

ここにマーカーで印を付ける

【やり方】

① 漢字ドリルには前ページのようなページがあります。新出漢字一つ
ひとつには必ず部首名が書かれています。これを使わない手はありま
せん。ラインマーカーなどを用意させましょう。

② 次にラインマーカーで，それぞれの漢字の部首の部分をなぞります。
それだけです。この時に必ず「にんべん」「てへん」「くさかんむり」
などと，声に出させることが大切です。

③ 最後までなぞったら始めに戻ります。時間は1〜2分が限界です。
極めて短時間で集中させます。

④ 終わったら黒板にいくつかの部首を書きます。そして「これはなん
という部首ですか？」と聞きます。

⑤ 次に，「この部首をもつ漢字をノートに5つ書けたら持ってきなさ
い」と指示します。持ってきたら○を付けてあげましょう。そして
「1つだけ黒板に書きなさい」と指示します。

⑥ 黒板の□がすべて埋まったら，全員に「その漢字を使った熟語を黒
板に書きなさい」と指示します。

⑦ たくさん出てきますから，最後はノートなどにきっちり視写させま
す。　　　　　　　　　　　　　　　　　　　　　　　　　（土作　彰）

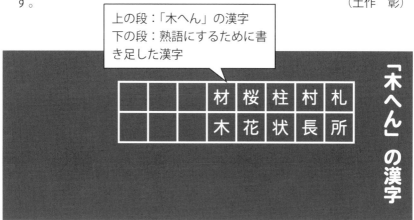

上の段：「木へん」の漢字
下の段：熟語にするために書き足した漢字

| | | | 材 | 桜 | 柱 | 村 | 札 |
| | | | 木 | 花 | 状 | 長 | 所 |

「木へん」の漢字

漢字部首なぞり教材

【効能】

日常的に使われる漢字の部首を，あっという間に覚えてしまいます。

【準備物】

・部首プリント

※部首プリントは，部首をネットで調べて作るのが一番手軽で早いです。次
のページに自作の部首プリントを掲載しておきます。参考にしてください。

【やり方】

① 部首プリントを配付し
ます。子どもにはライン
マーカーを用意させます。

② 1分間，ひたすら漢字
の部首を，部首名を口に
しながらラインマーカー
でなぞっていきます。

③ 「へん」「つくり」「か
んむり」「あし」「かま
え」「にょう」などの

バージョンがあります。1ヵ月で1枚を覚えるくらいのペースがよい
でしょう。

④ 最終的には「てへんにふるとり」と言われて「推」が思いつくよう
なレベルを目指します。 （土作　彰）

部首プリント　「偏（へん）」

名前（　　　　　　　　　　）

路	あしへん	駅	うまへん
研	いしへん	理	おうへん
致	いたるへん	韻	おとへん
絵	いとへん	姉	おんなへん
牧	うしへん	貯	かいへん
鯨	さかなへん	銀	かねへん

※この他に「旁（つくり）」「冠（かんむり）」「脚（あし）」などがある。

国語

8

語彙力アップ！ 熟語づくり

【効能】

漢字を熟語とセットで覚えることができます。

【準備物】

・部首プリント（前ページ参照），漢字ドリルなど

【やり方】

① 「国語6 漢字ドリルで部首指導」やり方⑤（p.21）で，例えば「木偏の漢字を5つ書けたら持ってきなさい」と指示し，丸付けをします。その後に1つだけ黒板に漢字を書かせます。その際に黒板には次のような枠を書いておきます。

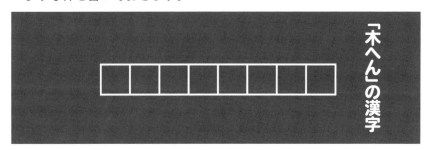

② 子どもたちが書きにくると次のようになります。

校　林　村　柱　板　相

「木へん」の漢字

③　次に「これらの漢字が2つ目にくる熟語を書きなさい」と指示し，黒板に書かせます。黒板は次のようになります。

		学	森	山	門	戸	人
		校	林	村	柱	板	相

「木へん」の漢字

④　さらに「この漢字が1文字目にくる熟語を書きなさい」と指示します。黒板は次のようになります。

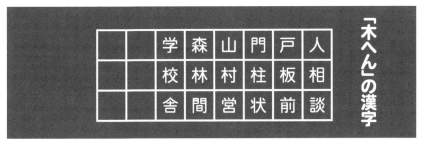

		学	森	山	門	戸	人
		校	林	村	柱	板	相
		舎	間	営	状	前	談

「木へん」の漢字

⑤　最後に，黒板に書かれた熟語を全員で読み上げていきます。

⑥　終わったらノートなどに視写させるとよいでしょう。　（土作　彰）

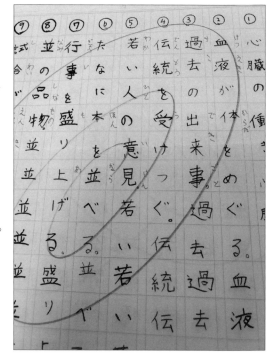

国語 9 プラスアルファの努力！漢字＋意味調べ学習法

【効能】

　一日にコンスタントに辞書を引くので辞書を引く力がアップします。また，語彙も増えます。

【準備物】

・漢字ノート
・漢字ドリル
・国語辞典

【やり方】

① 　普通宿題として出される漢字学習ノートは，右のような完成イメージを持っていることでしょう。

② 　ここに，「隙間に熟語の意味調べをしてきなさい」と指示します。熟語は漢字ドリルの例文にあるものを選ばせるとよいでしょう。最初は無理せずに「１つだけやってきなさい」

と指示します。

③　やがて「もっと意味調べをしたい」という要望が出てきますから、そうなったら、例えば次のように評価規準を設定し、子どもたちに伝えます。

```
A　意味調べ５個以上
B　意味調べ１〜４個
C　意味調べ無し
```

④　毎日ノートを見て、しっかり評価してあげます。

⑤　優秀ノートは掲示するなどしてお手本にします。フィードバックの連続ですね。するとノートは右のように変化します。

（土作　彰）

10 机間巡視で声量アップ！ 教師の立ち位置

【効能】

子どもたちの音読の声が大きくなります。

【準備物】

特になし

【やり方】

① 子どもたちに教科書やドリルを音読させる場合は，まず教師は教室の後ろに立ちます。子どもたちが教科書などを出して，ちゃんと指定したページを開いているかを確認するためです。

② 次に机間巡視を行います。後ろに立ち，１回目の机間巡視を行うと子どもたちはほぼ全員が指定した教材のページを開いている状態になります。机間巡視のコースを示すと次のようになります。

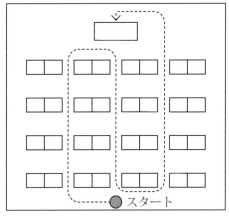

机間巡視のコース

③　次に２周目の机間巡視に入ります。今度は，ごまかさずに大きな声を出しているかどうかをチェックするためです。

例えば，右図のＡさんを評価したい場合，教師は@の場所に立ち，次のような声掛けをします。

「Ａさんはごまかしていないね。ここまでちゃんと聞こえてくるね。」

次に@′の位置に移動します。

「Ａさん！　今ここにいる先生に聞こえるような声を出してみて。」

「Ａさん！　いいね。昨日よりもよく聞こえるようになったよ。」

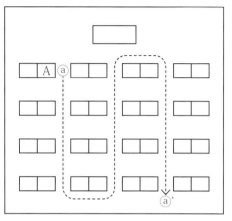

常に両耳で子どもたちの声量を測るようにする

④　これを毎日繰り返していくとよいでしょう。１年後には大きな声で音読する学級になっています。　　　　　　　　　　　　　　（土作　彰）

29

ひらがな言葉あて

【効能】

言葉の意味から，何という言葉なのかを考えることで，語彙数が増え
ていきます。語彙数が増えると，発表する時や作文で表現する時にも役
に立ちます。

学ぶ意欲満々の１年生や２年生に特におすすめです。

【準備物】

出題する言葉は，該当学年で知っておいたほうがよい言葉を選びます。
辞書で意味を調べておきます。

【やり方】

①　黒板に，「○○○○」とその言葉の文字数と同じだけ丸を書きます。

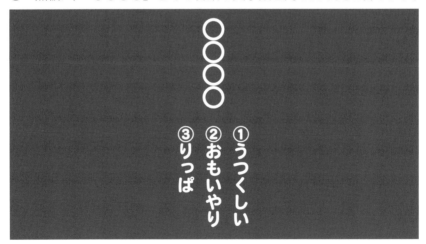

例：「やさしい」を考える

国語

② 　その下に，意味を1つ書きます。

③ 　言葉の意味から，何の言葉なのかを考えさせます。

④ 　何の言葉か発表させます。ここで正解が出たら，他の意味も黒板に書きます。

⑤ 　正解が出なければ意味を1つ増やし，発表させます。正解が出るまで続けます。

⑥ 　ペアや班で，相談させて答えさせるのもよいです。班対抗などで，正解したらポイントがもらえるポイント制にすると盛り上がります。

（鬼澤信一）

※この実践は，土作彰氏の漢字一文字を意味から考える実践から，ひらがな版として考えついた実践です。

漢字プリント（答え付き問題）

【効能】

　漢字が得意な子は，見ないで書きます。その後，自分で丸付けをします。苦手な子は，見ながら漢字を書くことができるので，安心して練習をすることができます。

【準備物】

・答えを載せた漢字プリント

【作り方】

①　漢字プリントを作ります。問題数は，少なくても多くても大丈夫です。問題の隣に答えを書いておきます。右ページのプリントをご参照ください。

②　あとは，子どもに配って漢字プリントに取り組ませるだけです。時間を決めて取り組ませたほうが，集中力が増します。問題数にもよりますが，2〜5分程度がよいと思います。長くするとダレてしまい，効果がありません。

③　短時間×多数回がよいです。

（鬼澤信一）

漢字プリント　　　　　名前〔　　　　　　　　　〕

No.	読み	答え
1	からだ	体
2	かようび	火曜日
3	ほそい	細い
4	ちかい	近い
5	おなじ	同じ
6	はなす	話す
7	きく	聞く
8	いま	今
9	かいしゃ	会社
10	かたな	刀
11	きる	切る
12	ちょうない	町内
13	ひろい	広い
14	みせ	店
15	にく	肉
16	いく	行く
17	せん	線
18	きしゃ	汽車
19	うみ	海
20	さかな	魚
21	まえ	前
22	げんき	元気
23	いわ	岩
24	おしえる	教える
25	ひかり	光

算 数

1 文章題の答えを書き忘れない方法

【効能】

文章題の答えを書き忘れなくなります。

【準備物】

なし

【やり方】

① 文章題を解かせます。

② 全体で答え合わせをします。その時に，まずは式だけを答えさせます。（下図）

式　80 ＋ 75 ＝ 155

③ これで「100点だね」などと言って，終えてしまいます。

④ 子どもたちからツッコミが入れば，大丈夫です。続けて，答えを聴きます。

⑤ ツッコミが入らなければ，「本当に終わっていいの？」や「これで本当に100点取れるかな」と言いましょう。

式　80 ＋ 75 ＝ 155
　　　　　答え　155円

正しい答えの書き方

⑥　最初は，ポカンとしていることが多いかもしれませんが，繰り返す
　うちに答えを書く意識が強くなり，答えを書き忘れることがなくなり
　ます。

これで100点だね

（鬼澤信一）

2 文章題の答えの単位の書き忘れを防ぐ方法

【効能】

答えの単位の書き忘れを防ぐことができます。

【準備物】

なし

【やり方】

① 問題を何度か音読させます。（連れ読みさせるのがよいでしょう。）

② 解決の見通しをもたせます。

③ 文章題を解かせます。

④ 子どもの様子を机間指導で見ます。答えに単位が書いてあるかどうかも確認します。「単位を書いていない子」や「問題をよく読んでいなくて単位を間違えている子」がいないかも把握します。

⑤ 全体で答え合わせをします。式を答えさせたあと，答えの確認をしますが，その時に，わざと単位を書いていない子を指名します。

式　600 − 150 = 450

答え　450

⑥　答えの時に，単位を言わないはずなので，文章題に戻って，求められていることを確認をします。もう一度答えを聞きます。

正しい答えの書き方

⑦　また，教師がわざと単位を間違えて答えを言う方法もあります。そうすると単位が違うことに気付けるようになっていきます。

⑧　この方法以外にも，文章題を何度か読んだあと，解く前に「答え□個」と書かせておくのも効果的です。

答えの欄を先に書かせるのも効果的

（鬼澤信一）

算数

円の面積を求めよう！
（6年生「円の面積」）

【効能】

　5年生で学習した知識を生かすことで，円の面積の公式を導くことができます。また，復習時に発展的に扱うことも可能です。これまでに学んだことが，新たな学習に確かにつながっているということを感じさせることができます。

※子どもの実態に応じて使い方を判断してください。

【準備物】

・芯のない，真ん中まで詰まっているトイレットペーパー
・カッターナイフ（大きめのものがおすすめ）
・カッターマットなど（机の保護もお忘れなく！）

※子どもの実態に応じて，前学年での円についての学習内容を復習するプリント等も準備します。

【やり方】

① 「円」についての復習を行います。「半径」「直径」「直径は半径の2倍（直径＝半径×2）」「円周率」「円周率は約3.14」「円周の長さ＝直径×円周率」など，5年生の時に学習した内容を確認します。

② 「面積」について確認を行います。「面積」は「広さ」を表すものだということを確かめます。また，各図形の面積の求め方についても確認しておくとよいでしょう。

　「正方形の面積＝一辺×一辺」
　「長方形の面積＝縦×横」

「平行四辺形の面積＝底辺×高さ」

「三角形の面積＝底辺×高さ÷2」

　数が多くなると混乱する子どももいるので，台形，ひし形について復習をするのは別の機会でよいでしょう。

③　「円の面積」も求められること，しかもこれまでに学習してきた（①②で確認した）ことを使うと求め方もわかることを伝えます。

④　みんなが1日に1回は見ている「円」ということで，トイレットペーパー（芯なし）を示します。

⑤　まず，「どの面が円か」を問い，確認します。次に，「この円の半径はどこか」「円周はどこか」を問い，それぞれ別の色のマーカーで印を付けます。（半径は太めに。）

⑥　でも，これだけでは求められません。最後に一つ，カッターナイフを使って，トイレットペーパーを半径の線で切ります‼　切る前に「切ったら，今は『円』の面はどんな形になると考えますか？　今までに習った形ですよ」と問い，予想させます。

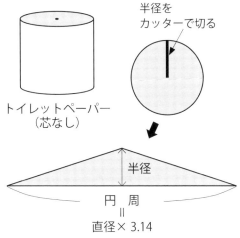

トイレットペーパー
（芯なし）

半径を
カッターで切る

半径

円　周
＝
直径× 3.14

⑦　実際に半径の線で切ります。

⑧　すると，「円」の面は「三角形」になります。

⑨　ここから，子どもの思考が本格的に始まります。①②で確認した知識を生かし，「円の面積＝半径×半径×円周率（半径×直径×円周率÷2）」にたどりつけるでしょうか？　（三角形の面積＝底辺×高さ÷2。この場合，底辺は円周で，高さは半径。）　　　　　　　（坂本和哉）

算数 ④ 文章問題をわかりやすく解く方法と加減乗除のジェスチャー

【効能】

　算数の文章問題における立式をする上での考え方として使うことができます。また，問題を解こうとする意欲にもつながります。

【準備物】

　なし（教師のやる気）

【やり方】

①　算数の文章問題をノートに写します。

②　写せた人から，ノートを持って，進化読み（立って読む→後ろを向いて読む→座って読む）します。

③　問題文を全員で読みます。

④　問題文をわかっていることと考えたいことに分けます。わかっていることには，大きく○をします。考えたいことには，波線〜〜〜をします。○や波線は，色分けしてもよいと思います。

> 問題例
>
> （15円のガムがあります。）
>
> （チョコレートの値段は，ガムの4倍です。）
>
> チョコレートの値段は，何円ですか。

⑤　それを学級で共有後，考えたいことの文章に注目し，加減乗除のジェスチャーを行います。

> **（具体例）**　「考えたいことの文章が『チョコレートの値段は，何円ですか』ですね。

　　わかっていることの文章に『チョコレートの値段は，ガムの４倍です』とあります。

　　これは，何算をしたら求められるでしょうか。

　　せーので，ジェスチャーで表してみましょう。

　　せーの。」（ジェスチャーをする）

算数

⑥　ジェスチャー後，立式させます。　　　　　　　　　　（山上勇樹）

★加減乗除ジェスチャー★

足し算
両手を使ってプラスマークを作る。

引き算
片手を使って，アイーンのマネをする。

掛け算
両手を使ってバツマークを作る。

割り算
利き手でグーを作り，もう片方の手をアイーンをするように前に出して，利き手のグーを高速で上下移動させる。

同じ缶のはずなのに !?
（3 年生「じしゃくのふしぎ」「ものの重さ」など）

【効能】

　見た目は全く同じもののはずなのに，わずかな重さの違いを感じるなどの事実で，子どもの思考をゆさぶることができます。

　既習事項を生かして，缶に使われている金属の違いを調べられるかを確かめることができます。アルミ製とスチール製，それぞれの材料となる資源や加工のコスト等を取り上げれば，環境について考えることもできます。

【準備物】

・ビール缶（アルミ製・スチール製）

※流通しているビール缶のほとんどは「アルミ製」です。しかし，一部地域では「スチール製」のビール缶で同一商品を販売しています。原価での販売なので少し金額が高く感じられるかもしれませんが，通販で取り寄せることが可能です。

※お酒が苦手な方は，お酒のお好きな方に中身を飲んでもらいましょう。缶まで回収してくれるなんて‼ と感謝されること間違いなしです！（笑）

アルミ缶マーク

スチール缶マーク

【やり方】　※あくまでも一例であり，応用が可能です。

① 　子どもに提示する前に，「材質表示マーク（アルミマーク，スチールマーク）」の部分を紙やすり等で削り取っておきます。（教師はわか

郵便はがき

４６０−８７９０

４１３

料金受取人払郵便

名古屋中局
承　認

3000

差出有効期間
2022 年 1 月
15 日まで

名古屋市中区
　　丸の内三丁目６番 27 号
　　　　　（ＥＢＳビル８階）

黎明書房 行

|||||||||||||||||||||||||||||||||||||||||||||

購入申込書

●ご注文の書籍はお近くの書店よりお届けいたします。ご希望書店名をご記入
の上ご投函ください。（直接小社へご注文の場合は代金引換にてお届けします。
2500 円未満のご注文の場合は送料 800 円、2500 円以上 10000 円未満の場
合は送料 300 円がかかります。〔税 10％込〕10000 円以上は送料無料。）

（書名）　　　　　　　　　　　（定価）　　　　　円　（部数）　　　　部

（書名）　　　　　　　　　　　（定価）　　　　　円　（部数）　　　　部

ご氏名　　　　　　　　　　　　　　　TEL.

ご住所 〒

ご指定書店名（必ずご記入ください。）

書店住所

取次・番線印

この欄は書店または小社で記入します。

愛読者カード

	－

今後の出版企画の参考にいたしたく存じます。ご記入のうえご投函くださいますよう
お願いいたします。新刊案内などをお送りいたします。

書名	

1. 本書についてのご感想および出版をご希望される著者とテーマ

※上記のご意見を小社の宣伝物に掲載してもよろしいですか？

　　　□　はい　　　□　匿名ならよい　　　□　いいえ

2. 小社のホームページをご覧になったことはありますか？　□　はい　　□　いいえ

※ご記入いただいた個人情報は、ご注文いただいた書籍の配送、お支払い確認等の
連絡および当社の刊行物のご案内をお送りするために利用し、その目的以外での
利用はいたしません。

ふりがな
ご氏名　　　　　　　　　　　　　　　　　　　　　　年齢　　　歳
ご職業　　　　　　　　　　　　　　　　　　　　　　（　男・女　）

（〒　　　　　　）
ご住所
電　話

ご購入の書店名		ご購読の新聞・雑誌	新　聞（ 雑　誌（

本書ご購入の動機 (番号を○で囲んでください。)

1. 新聞広告を見て（新聞名　　　　　　　　　　　　）
2. 雑誌広告を見て（雑誌名　　　　　　　　　　　　）　3. 書評を読んで
4. 人からすすめられて　　　5. 書店で内容を見て　　　6. 小社からの案内
7. その他（

　　　　　　　　　　　　　　　　　ご協力ありがとうございました

るようにどこかに目印をつけます。）

② 「じしゃくのふしぎ」などの授業で発展的に扱います。いくつかの
　グループ（少人数が望ましい）に分けて行います。

③ 「この2つの缶は，同じものか，違うものか，予想しなさい」と問
　いを投げかけます。子どもは見た目や手触り，重さで判別せざるを得
　ないので，明確な根拠を示して予想することは不可能です。

④ 「では，予想を確かめるために，調べてみなさい。質問はありませ
　んか」と問います。制限時間は15分程度。これまでの実験を思い出
　し，「磁石を使ってもよいか」「電気が通るか調べてよいか」などとい
　う質問が出れば上等です。

⑤ 実際に調べさせます。これまでに行った実験を生かして調べている
　グループを評価します。

⑥ 各グループで，同じものか，違うものか，理由を添えて意見を発表
　させます。

⑦ 全グループの発表が済んだ後，まだ確かめていない方法があれば，
　実際に行って事実の確認を行います。　　　　　　　　　　　（坂本和哉）

理
科

理科 2 流された石はどう変わる？
（5年生「流れる水のはたらき」など）

【効能】

流れる水のはたらきによって，石の「角が取れ」「丸くなる」ということが，実感を伴って理解できます。

【準備物】

・同じ大きさの容器（ビンなど）3個
・オアシス（花を生ける緑の吸水スポンジ）1個
※ およそ2cm角の立方体に切り分けます。カッターナイフで簡単に切れます。

【やり方】

① 容器に，それぞれ「上流」「中流」「下流」とわかるように，ふたなどに記しておきます。
② それぞれの容器に同数のオアシス（切り分けたもの）を入れます。容器の7分目程度がめやすです。
③ 最後に，水を満たします。容器の9割5分程度がめやすです。あまり多く入れると，オアシスの動きが小さくなり，結果が得られにくくなります。
④ 「上流から石が流されて下流にたどり着くとします。さて，石が一番長い距離を転がってたどり着くのは？」などと問い，「上流」「中流」「下流」の順に転がった距離が長くなることを確認します。
⑤ 転がった距離が長くなればなるほど，水の中で流されている時間も長いので，
・「上流」の容器を振る回数は200回

・「中流」の容器を振る回数は400回

・「下流」の容器を振る回数は600回

にすることを伝え，石のモデルであるオアシスがどのように変化するのかを観察させます。

　子どもを「上流」「中流」「下流」，それぞれのグループに分け，「〇流グループは，一人あたり△回振ったら次の人へ！」という指示を出せば，スムーズに実験は進みます。

◎すべて筆者一人でやってみたことがあるが，大人でも非常にキツく，時間がかかるので，間違っても子ども一人でやらせないように……。

⑥　教師が「上流」「中流」「下流」の容器の中にあるオアシスを取り出し，比較させます。変化がわかりやすいように「上流」はできるだけ変化していないもの，「下流」は大きく変化しているものを選択し，提示するとよいでしょう。

　最初は角張った立方体だったものが，「上流」から「中流」，「下流」へと進むに連れて，角が取れ，丸みを帯びていくということが一目でわかります。

⑦　流れる水のはたらきによって，どのように石の形は変化するのかを，自分の言葉でまとめ，交流させます。　　　　　　　　　（坂本和哉）

アルカリの水溶液がこぼれたら
（6年生「水溶液の性質」）

【効能】

　酸性の水溶液，アルカリ性の水溶液，どちらも扱いに困りますよね。もしもこぼしてしまった場合，どのように対応されていますか？　タオルなどでふき取るのも危険。そのまま放っておくのも危険。そんな時に使えるのが「中和」です。

　酸性，アルカリ性，それぞれに使えるものは異なりますが，理科室に常備しておくと安心して水溶液を扱うことができるでしょう。また，「中和」という現象も体験できます。正にピンチをチャンスに変えることができます！

【準備物】

・重曹水（炭酸水素ナトリウム水）…アルカリ性なので，酸性の塩酸を中和するために使います。

・酢酸の水溶液（お酢）…酸性なので，アルカリ性である水酸化ナトリウム水溶液を中和するために使います。

◎重曹（アルカリ性），クエン酸（酸性）を粉末のまま中和に使うこともできますが，濃度の高い水溶液との中和に使う際には発熱（最悪の場合，突沸）が起こるなど，危険なこともあります。ここで紹介する方法は，あくまでも，小学校段階で実験に用いる低濃度の酸性・アルカリ性水溶液に使うことのできるものと考えてください。

【やり方①　塩酸（酸）の中和】

①　塩酸に重曹水を少しずつ加えます。重曹水と反応し，泡を出しなが

ら中和する様子を観察することができます。

② 泡が出なくなったら中和
完了です。

③ ふき取ります。

◎気体の発生があるので，実験中は当然のことですが換気を忘れずにしてください。

【やり方②　水酸化ナトリウム水溶液（アルカリ）の中和】

① 水酸化ナトリウム水溶液にお酢を少しずつ加えます。お酢と反応します。

② 中和の反応によって，お酢のにおいがなくなります。

③ お酢のにおいが再度感じられるまでお酢をかけ，それからふき取ります。

【やり方③　中和反応の観察】

① 重曹水とお酢（クエン酸水）という組み合わせで，比較的安全に中和反応を観察することもできます。

② リトマス試験紙を用いて，子どもに重曹水およびお酢の液性を確認させた後，「混ぜると性質はどのように変化するか」を予想，実験させます。（もちろん教師側で，何 mL ずつ混合すれば中性になるかなどを事前の予備実験で調べておきます。）

> 「中和」という発展的内容を扱うことになりますが，性質同士が打ち消し合うイメージを持つと，子どもたちは理解しやすいのではないでしょうか。
> 難度の高まる中学校理科への抵抗を少しでも軽減できるよう，私たちの取り組みも子どもたちの将来の学びにつながる重要な役割を担っていることを忘れずに指導にあたりましょう。

（坂本和哉）

理科

4 「水中で」燃えるもの !?

（6 年生「ものが燃えるとき」）

【効能】

　ものが燃える条件として，「酸素が必要である」ということを学んで
から，発展的な扱いとして実験を行います。

　普通なら水に入れれば火が消えますが，ここでは「水中」に入れても
火が消えないという，これまでの経験に反する事象を目にします。それ
によって，不思議だ！　なぜなのだろう？　などという気持ちを喚起し，
知的好奇心を刺激することができます。

　また，既習事項を生かして考えたり，知識の定着を促したりすること
もできます。

【準備物】

・手持ち花火
・マッチや点火棒など
・水槽（ある程度の深さがあり，周りから水中が観察できる透明のもの
　がよいでしょう）
・バケツ（水を入れて，確実に花火の火を消せるようにしておきます）

【やり方】

① 　ものの燃焼には，「酸素」が必要であることを復習します。「どうし
　て水中でも花火が燃え続けるのか」を考える足場を与えるためです。
② 　「水の中で，ものは燃えるだろうか？」と問いかけます。花火以外
　の身近なものを提示し，一つずつ実験してみるのもよいでしょう。
　　「まずは，マッチ。水中で燃えるか，火が消えるか？」

「次は，ろうそく。水中で燃えるか，火が消えるか？」

「では，花火。水中で燃えるか，火が消えるか？」

などと，クイズ形式で進めると苦手な子どもでも参加できます。

③　花火に着火し，火を確認 してから水中にそっと入れ ます。水中では発泡するこ とを確認し，水中の花火を 引き上げます。すると，花 火は燃え続けていることが わかります。

④　なぜなのかを考えるため に，実際に子どもにやらせ ることもできます。その場合，十分に安全に留意します。また，決し て子どもだけで花火などの火遊びをしないことを約束させます。

⑤　「なぜ花火の火は水中でも消えずに燃え続けるのか」について，子 どもの考えを交流させていきます。

⑥　最後に教師から説明を加え，空気中にある酸素だけでなく，花火を 燃えやすくするために入っている「酸化剤（主に塩素酸カリウム）」か ら供給される「酸素」でも，ものが燃えるということを確認させます。

※厳密に言えば，花火の中で起こっている化学反応による「反応熱」も燃え 続ける理由に含まれます。

◎室内で行うと煙やにおいが強いので十分な換気が必要です。天気のよ い日に屋外で行うのがおすすめです。

◎また，授業後，火遊びは子どもだけで絶対に行ってはならないことを 確認しましょう。

（坂本和哉）

5 れき，砂，泥に分けてみよう！
（6年生「大地のつくりと変化」）

【効能】

　地層を形成する主なものとして，「れき」「砂」「泥」が教科書に紹介されています。

　それぞれ，粒の大きさで区別されており，

　　「れき」…2mm以上

　　「砂」　…1/16（約0.063）mm〜2mm未満

　　「泥」　…1/16（約0.063）mm未満

となっています。

　これを厳密に分けたものを子どもに提示することはかなり難しいのですが，粒の大きさの違いを感じさせるためには，この実験がおすすめです。実際に触って，「粒が大きくて石ころのようなものが『れき』」「粒が小さくてさらさらしているようなものが『泥』」などと，それぞれに視覚や触覚を生かした理解ができます。また，「れき岩」「砂岩」「泥岩」の学習にもつながっていきます。

【準備物】

・運動場や砂場などにある身近な土

・2種類のふるい（目のあらいもの，細かいもの。目のあらいものは園芸用，目の細かいものはケーキ用のふるいがおすすめです。どちらも100円ショップで手に入ります）

・ふるいよりも大きなトレー（受け皿）

・小麦粉（「泥」とほぼ同じ粒の大きさなので，「砂」と「泥」の違いがわかりづらい子どものために準備するとよいでしょう）

・3つの容器（それぞれに「れき」「砂」「泥」というラベルを貼り付けておきます）

◎実験で得られた「れき」「砂」「泥」を容器に入れておけば，復習や来年度の学習に使用できます。

【やり方】

① 　運動場などの土を集め，「目のあらいふるい」にかけます。（多すぎると作業に時間もかかるので，適度な量で。一人ひとりが見たり触ったりできる量でよいでしょう。）

② 　目のあらいふるいに残ったものが「れき」，トレーに落ちたものが，「砂」と「泥」の混ざったものです。

③ 　トレーに残ったものを「目の細かいふるい」にかけます。

④ 　目の細かいふるいに残ったものが「砂」，トレーに落ちたものが「泥」です。

⑤ 　「れき」「砂」「泥」それぞれの見た目や触り心地について，書き出させたり交流させたりします。

⑥ 　最後に，この3種類を同じ形，大きさのシャーレに入れ，クイズ形式で当てさせるのもおもしろいです。見た目のみ，触り心地のみを手掛かりに解答させてみてもよいでしょう。

　「小麦粉」は「泥」とよく似た手触りです。小麦粉に触れることで，そのくらい細かい粒なのだということを理解できるでしょう。

◎小麦粉や砂のアレルギーのある子どももいますので，扱いには十分注意しましょう。

（坂本和哉）

51

理科 6 火山の噴火モデルを観察しよう!!
（6年生「大地のつくりと変化」）

【効能】

　「火山の噴火」による地層のでき方では，火山灰に注意が向きがちですが，火口から流れ出る溶岩のはたらきにも目を向けることができます。

　映像で見るのも一つの方法ですが，実験によって，マグマのモデルが湧き上がる様子，それが溶岩となって山を流れる様子などを可視化できるため，知的好奇心が刺激されます。

【準備物】

・三角フラスコ（山のように斜面があり，流れる様子を観察できます）
・ビーカー（容量100mLと200mLのもの）
・過酸化水素水（オキシドール6％程度）100mL
・台所用洗剤（界面活性剤の割合が多いものがおすすめ）30mL
・ドライイースト（開封後，時間の経ったものは避けます）
・トレー（湧き出す溶岩のモデルで机上を汚さないため）

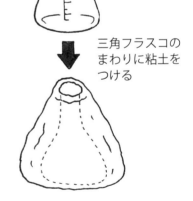

三角フラスコのまわりに粘土をつける

三角フラスコの口を「火口」に見立てた山を作るなどの工夫も可能

・食紅（着色用。溶岩をイメージしやすい赤色がよいでしょう）
・安全めがね（吹き出すことはないと考えますが，準備しておくと安心です）

【やり方】

① 100mL のビーカー内で，ドライイーストと水を混ぜます。ドライイースト大さじ 1 に対し，水大さじ 3 程度です。水が少なければ粘度の高い溶岩モデル，多ければ粘度の低い溶岩モデルとなります。

② 三角フラスコにビーカーの中身を移し入れます。この時，バーミキュライト（園芸用の土）などを加えてもよいでしょう。そして，三角フラスコはトレーの中心に置きます。

※三角フラスコのまわりに粘土をつけて山のモデルを作る（前ページ参照）場合は，①の作業の前に済ませておきます。粘土をつけてしまうとフラスコ内の様子が観察できないので，2 パターン準備してやってみるのもよいでしょう。

③ 200mL のビーカーを使い，過酸化水素水と台所用洗剤を合わせます。また，食紅を適量入れます。

④ ②に③を注ぎ入れます。すぐに反応するので，子どもの注目を集めてから行います。グループで実験をさせる場合なども，みんなで三角フラスコに注目してから③を注ぐように指導します。

⑤ 火山の噴火時には，「火山灰の堆積」だけでなく，「流れ出した溶岩の凝固」で地層ができることもあると確認します。

※石こうなど，後で固まるものを混ぜ込んでおくと，固まった後に，溶岩の層がどのようになっているか観察でき，保存することもできます。ただし，片付けの手間がかかるため，子どもにはやらせず，教師だけが行うのがよいと考えます。

（坂本和哉）

理科 7 化石のレプリカづくり
（6年生「大地のつくりと変化」など）

【効能】

　理科室に化石などが資料として準備されている学校は少なくないと思います。しかし，資料数に限りがあるため，子どもが「見て終わり」「触って終わり」になりがちです。

　化石にもっと気軽に触れ，一人ひとりにじっくりと観察させてあげたい。化石好きで，「ほしい！」と思う子どもには，持ち帰らせてあげたい。そんな思いを実現できるのが「レプリカ」です。理科を好きになるきっかけになるかもしれません。

【準備物】

・化石資料
・プラスチック粘土（80℃の湯に浸けると粘土のようになります。型取りに使います）
・石こう（型に流し込んで固めます）
※紙粘土や樹脂粘土など，型に押し込むことで模様や形ができるものならば代用可能です。色付きの粘土を利用し，化石に似た色でレプリカを作れば，着色作業を省くこともできます。

【やり方】　※高温の湯を使うため，子どもにはやらせません。

① 　レプリカのもととなる化石の型を取ります。プラスチック粘土を熱湯に浸け，やわらかくなったら水気をとって化石の型を取ります。（熱いですが素早く作業しましょう。）
② 　冷めるまで待ち，化石からプラスチック粘土を外します。この時，

54

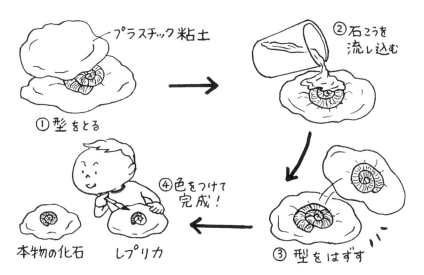

プラスチック粘土は固くなっているので，化石から外れにくくなっています。焦って力を入れすぎると裂け目ができてしまうので要注意です。（ただし，プラスチック粘土自体は熱で再び粘土状に戻るため，失敗しても再チャレンジ可能です。）

③　石こうを準備し，プラスチック粘土の型に流し込みます。プラスチック粘土をたくさん用意し，①で同じ型をたくさん作っておけば，同時にたくさんのレプリカを作ることも可能です。また，一度レプリカを作ってしまえば，それをもとに新たな型を作ることもできるので，実際の化石で型を取るのは一度で済みます。

④　必要数でき上がればOK。乱暴に扱わなければ，簡単に壊れることもないので，観察に使いやすいです。

　　ただし，石こうは白いため，見た目は化石らしくありません。しかし，それを逆手に取り，実物を見ながら着色していくという活動もおもしろいです。微妙な色の違いなど，観察眼を養うことにもつながるのではないでしょうか。着色を図画工作の時間に扱うことも考えられます。

（坂本和哉）

人体の神秘 —羊水ってすごいんだ！—
（6年生「ヒトのたんじょう」など）

【効能】

　実際には観察困難な「子宮内の赤ちゃんの様子」を簡単にモデルで再現し，特に「羊水」で満たされていることのメリットを，実感を伴って理解することができます。
※保健などの授業でも利用できます。

【準備物】

・同じ大きさの容器（ビンなど）2個
・とうふ（もめんのほうが崩れにくいです）1丁

【やり方】

①　同じ大きさに切ったとうふを一切れ（約1/4丁）ずつ，ビンに入れます。これが，「子宮（ビン）内の赤ちゃん（とうふ）」のモデルです。

②　ビンの一方は水で満たします。もう一方は，水なしです。（水が，羊水のモデルです。）

③　あとは振るだけですが，条件制御を意識して，2つのビンを「同じ子どもが」「20回ずつ振る」などとします。

④　結果は一目瞭然です。

　　水で満たされているほうのとうふは，ほぼ無傷です。しかし，水なしのほうは，とうふが粉々になってしまっています。

⑤　この事実から，羊水はどのようなはたらきをしているか，自分の言葉で発表させたり書かせたりします。

⑥　意見を交流した後，私たちも，このようにして守られ生まれてきたことを確認します。また，実験するだけではわからない「羊水」に関する知識も伝達します。

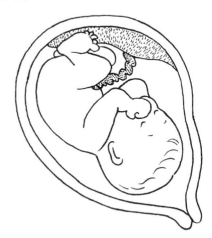

　　人体の神秘を体感できる実験です。

◎容器を3つに増やし，「水を半量入れる」などという条件をつくり，実験するのもよいでしょう。羊水で「満たされている」ということが重要だと気付けます。

　　人のからだのつくりについて，興味・関心が高まるきっかけになればと願います。他の生物はどうなのか？　などと疑問が膨らむのも素晴らしいです。

　　身近なものとして，「鶏卵」を取り上げて，なぜ卵白部分があるのかなどを考えると，学びも深くなるのではないでしょうか。さらに，メダカやカエルの卵などとも比べてみることで，生物の進化を感じることができると考えます。

（坂本和哉）

この塩はどこ産？
（6年生「大地のつくりと変化」）

【効能】

　大地の変化によって，「もとは海底だったところが，地上になっていることがある」ということを理解できます。

【準備物】

・ヒマラヤ岩塩（ある程度の大きさのかたまりのもの）
・ヒマラヤ山脈の画像や位置を確かめるための地図
・大陸の衝突の様子をイメージ再現した動画　　　　　など

【やり方】

①　世界最高峰の「エベレスト」がある，そんなヒマラヤ山脈の中で，まさか塩が採れるなどと子どもたちは想像もしないでしょう。
　　岩塩を見せ，「これは何でしょう？」と問い，予想をいくつか出させます。
②　「さわってもよいか」などと食いついてきたらこちらのもの。ぜひさわらせて，石とは違う質感にも気付かせたいものです。
③　「これは岩塩と言います。皆さんの食べている塩の仲間です。」
　　「塩って，どこで採れるか知っていますか？」
　　「山で採れると思う人？」
　　「海で採れると思う人？」
　　挙手をさせます。
④　「正解は……どちらもです‼」子どもも驚くはずです。思考がゆさぶられることで「どういうことだろう？」と，興味を示すきっかけに

したいところです。

⑤　「では，この岩塩はどこで採れたと思う？」と問い，これも予想，
　交流させます。

⑥　「みんな，『エベレス
　ト』って知っているかな？」
　「（画像を見せながら）な
　んとこの岩塩，そのエベレ
　ストのあるヒマラヤ山脈の
　近くで採れたものなんで
　す。」

理科

⑦　「遥か昔，大陸同士が次
　第に近づいて……ドン！
　と衝突して，高く高くせり
　上がりました。間にあった海に堆積していた岩なども押し上げられ，
　海の水も蒸発し岩塩となったのです。」（動画などを使います。）
　　「だから，このような岩塩や海の生物の化石がとれるのです。」
　※画像にもよりますが，山頂直下に地層の縞模様が確認できます。

⑧　「もちろん，ヒマラヤ以外にも，もとは海の底だった部分が地上に
　出てきたところもあるし，逆に，地上だったところが海底になったと
　ころもあります。」
　　「地球は，気が遠くなるような時間をかけて，少しずつ動き，今の
　ような地形をつくってきたんだよ。」
　　「実は，今もエベレストは，ほんの少しずつだけれど，高くなり続
　けているそうだよ。地球は動き続けているのですね」と，まとめます。

⑨　授業で学んだことのまとめや，新たな疑問を書き出させます。

（坂本和哉）

10 葉っぱの化石を手に入れよう!!
(6年生「大地のつくりと変化」)

【効能】

　見せるだけにとどまりがちな「化石」を，子どもに持ち帰らせることができます。また，層と層との間に化石が見つかることを，実感を伴って理解できます。大地への興味・関心も高まること間違いなし!!　実物の力も実感できます!!

【準備物】

・化石原石
・塩原木の葉石ガイドブック（化石原石と同時購入できます）
※栃木県那須塩原市の「木の葉化石園」（http://www.konohaisi.jp/）では，教育機関向けに化石の原石を販売しています。多めに購入し，理科室などに何年分かストックしておくのがおすすめです。
・たがね（マイナスドライバーなどでも代用可）
・金づち
・安全めがね（安全第一!!　必ず人数分ご用意を！）
・トレーや十分な厚さの新聞紙（室内で行う場合は，机の天板などを傷つけてしまう恐れがあるので，保護するための手立てが必要です。破片等，細かいごみが出るので，片付けのことも考えて準備しておくとよいでしょう）

【やり方】

①　化石原石を観察します。原石を横から眺めると，美しい層が積み重なっていることがわかります。

② 「地層」というキーワードや，一層一層が積み上がっていくのに長い時間がかかっていること，色の違う層は，積み重なっているものが異なっていることなどを確認します。

③ 化石原石を削ります。削るというよりも，「層をはがしていく」というイメージです。層に沿ってたがねなどを当て，それを金づちなどでたたいて層をはがしていきます。

④ 層と層の「間」に化石があることが明らかになります。

⑤ 出てきた化石の判別をします。全員が行うことは難しいかもしれませんが，塩原木の葉石ガイドブックで何の化石かを調べさせます。ガイドブックでは珍しいものを★の数で表しているので，自分の見つけた化石の希少度を競いたくなる子どももいることでしょう。

⑥ 化石の特徴をよく観察し，それに照合する植物や昆虫を見つけ出すことも，立派な理科の学習です。

> 　よく注意を受けるようなやんちゃな子も夢中になれる「実物」の力が，この化石原石にはあります。
> 　誰もが活躍するチャンスを設けることで，誰もが肯定的な評価を得られるよう，教師が仕組んでいく努力も必要です。

（坂本和哉）

11 地層づくり & ミニ調査
（6年生「大地のつくりと変化」）

【効能】

　地層の基本的な積み重なり方や，地質調査方法の一つである「ボーリング」調査のイメージをつかむことができます。

【準備物】

・ねんど（12色入りで100円の商品がおすすめです）
・プラカップ（紙コップの飲み口と直径が同じもの，無色透明）
・紙コップ（茶色のものが地面っぽいのでベスト）
・タピオカストロー（無色のもの。疑似ボーリング調査に使います）

【やり方】

① 　ねんどで「地層」をつくります。学級の人数によりますが，簡単にできるので，ペアや3人組程度のグループで行うのがよいでしょう。

② 　プラカップとねんど3，4色を配ります。1色ずつ層になるようにプラカップに広げていきます。この時，他のペアやグループに，どの色をどの順番で広げていったかを見せないようにします。

③ 　ねんどの地層を観察します。プラカップは無色透明なので，横からのぞくと層になっていることが確認できます。（右図）当たり前のことですが確認させます。

④ 　見えない地層はどのように調べているのでしょうか？　実際にやってみます。

　　紙コップを配布します。そして，プラカップを紙コップにセットさ

せます。（右図）これで外側から確認でき
るのは一番上の層だけになります。その下
の層に，どのような色がどのような順で重
なっているかは確認できません。

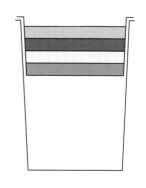

理
科

⑤　上記のことから，無理難題でありますが，
「他のペア（グループ）の地層が，どのよ
うに重なっているのか，下から順に何色か
を答えなさい」と問います。当然，紙コッ
プからプラカップを外すのは反則です。

⑥　疑似「ボーリング
調査」をします。こ
こで，タピオカスト
ローが登場します。

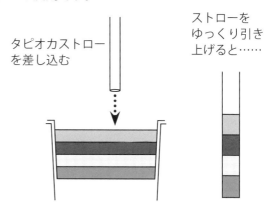

タピオカストロー
を差し込む

ストローを
ゆっくり引き
上げると……

　　他のペア（グルー
プ）のねんどの層に
垂直にストローを差
し込み，ゆっくりと
引き上げます。する
と，ストロー先端にねんどの層が保存されたままになっています。こ
の方法を使えば，地表からは確認できない部分についても調べられる
ことがよくわかります。

⑦　実際の地質調査にも同じ仕組みのものが使われているということを
伝え，本時の学びのまとめを行います。

※パイ生地を使った菓子を食べながら，その断面を観察するのもおもしろい
です。層が重なっている様子は「地層」によく似ています。多層式の台
所用スポンジなども，疑似「地層」としてわかりやすい例なのではないで
しょうか。

（坂本和哉）

12 百葉箱も進化している！

理　科

【効能】

　百葉箱を使って，気温や湿度の測り方を知るだけでなく，その利用についてまで考えることができます。

　同じ時刻であっても，地域によって全く気温が異なっていることなどを数字やグラフで可視化してくれるので，自分たちの住む地域と比べることで，日本国内でも地域によって気候が違うことを実感させやすいです。

※社会科の授業でも利用できます。

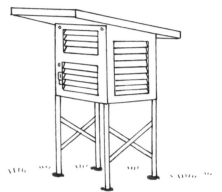

【準備物】

・インターネットに接続できるパソコン等の機器

※スクリーンや電子黒板，テレビなど，全体に提示できる機器があるとなおよいです。

※学校に「IoT 百葉箱」（㈱内田洋行）が設置されていれば完璧です！

IoT 百葉箱―屋外設置例―
（写真：㈱内田洋行提供）

IoT百葉箱の中の気象センサーで計測したデータ（気温・湿度・気圧など）を専用ページで閲覧できます。

【やり方】

① 　自校の百葉箱で，気温や湿度などのデータを収集します。（百葉箱がなければ温度計などを利用して測定します。）

② 　「IoT百葉箱（http://iot100.uchida.co.jp）」(㈱内田洋行運営）のページを開きます。（IoT百葉箱を設置している学校の記録を見ることができます。2020年3月の時点で，沖縄，北海道にも設置校があるため，気温差が一目瞭然です。）

③ 　日本地図上に，ピン🔵（中に気温表示）が出てくるので，地点ごとの気温を比較することができます。①で測定したデータに近いところ，そうでないところがわかります。

④ 　調べたい地点のピンをクリックすると，現在の「気温」「湿度」「気圧」を知ることができます。一日の変化も折れ線グラフになっているので，気温が高くなる時間帯なども知ることができます。

⑤ 　さらに，「この百葉箱の一日の様子」をクリックすると，グラフの詳細や，カメラでの一日の様子などを知ることもできます。

⑥ 　日本全国の気温を比較し，気付いたことなどを書かせます。

⑦ 　当日の天気とも関連付けて利用すれば，晴天時と雨天時とで「一日の気温の変化」を比較することも可能です。

◎このIoT百葉箱は，学校予算に余裕があれば，ぜひ設置したいものです。他の教材教具も年々，便利なものが増えています。教材メーカーさんに出前授業や教材紹介等をお願いできる場合もあるので，必要に応じて活用していくとよいでしょう。

（坂本和哉）

1 都道府県フラッシュカード

【効能】

　４年生の都道府県暗記が短時間でできます。都道府県の形の特徴をとらえさせることもできます。

【準備物】

　１県ずつバラバラにしたフラッシュカードを作成します。次のフリーのサイトがオススメです。「Craft MAP　日本・世界の白地図」（http://www.craftmap.box-i.net）

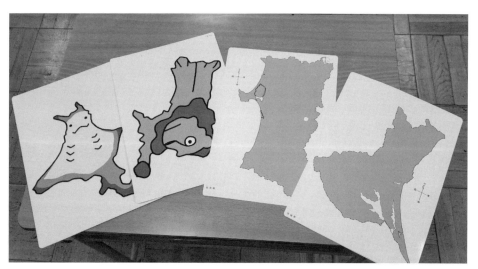

フラッシュカードの例

【やり方】

① 　北の「北海道」から南の「沖縄県」まで，カードを見せながら教師がリードして，順に大きな声で読んでいきます。子どもたちはその声を復唱していきます。

② 　地域別にやったり，県名と同時に県庁所在地を言わせたりしてもよいでしょう。

③ 　定着をさせるために，カードを5枚程度黒板に貼って，「今日のチェックテスト」をします。

社会

（嘉手川桐郎）

2　国当てゲーム

【効能】

世界の国の位置を覚えることができます。

【準備物】

・地図帳

【やり方】

① 　黒板に1番〜3番の3つの国名を書きます。例えば,

> **1　デンマーク**
> **2　ドイツ**
> **3　フランス**

のようにです。

② 　「1番のデンマーク
が見つかったら,地図
の『デンマーク』とい
う国名に赤線を引いて
持ってきなさい。○を
もらったら座って,2
番のドイツと3番のフ
ランスを探します。そ

れも終わったら，それぞれの国の首都に赤線を引いて待ちなさい。制限時間は3分です」と指示します。

③　制限時間が来たら首都名の答え合わせをします。この場合，1番はコペンハーゲン，2番はベルリン，3番はパリになります。

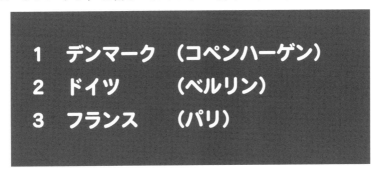

```
1  デンマーク  （コペンハーゲン）
2  ドイツ      （ベルリン）
3  フランス    （パリ）
```

社会

④　板書して最後は全員で声を出して読み上げます。

（土作　彰）

社会

3 都道府県暗唱

【効能】

日本の都道府県の位置を覚えることができます。

【準備物】

・地図帳

【やり方】

① 最初は北海道地方，東
北地方からスタートしま
す。

簡易な地図を板書しま
す。例えば東北地方なら，
右のようになります。県
名は頭の1字だけ書きます。

② 教師が指示棒などで順
番に東北各県を押さえて
いきます。子どもたちは
押さえた県名を声に出し
ていきます。

③ 次に教師は黒板消しで
1つずつ県名を消してい

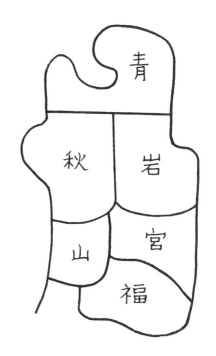

きます。教師は②と同様，指示棒で押さえていきます。子どもたちは，
何もない所の県名を読んでいくことになります。

④　最後は「全員起立。すべての県名を言い終えたら座りましょう」と指示します。このとき地図帳は見てもよいことにします。

⑤　①〜④を，関東地方，中部地方，近畿地方，中国地方，四国地方，九州地方と順に進めていきます。

⑥　次回からは，社会科の授業の最初に全員を立たせ，全都道府県名を言い終えたら座るようにします。毎回必ず北海道地方からスタートします。このとき，黒板に日本地図（白地図）を貼ります。

⑦　数週間したらすべて暗唱できる子が現われます。その子に実演してもらうと他の子どもたちの意欲が高まります。

（土作　彰）

4 経度，緯度当てクイズ

【効能】

経度，緯度の感覚を身に付けることができます。

【準備物】

・地図帳

【やり方】

① 1つの国名を板書します。
例えば「ドイツ」です。

② 子どもたちは地図帳でその
国名と首都名に赤線を引きま
す。首都はもちろん「ベルリ
ン」です。

③ 次に，地図を見てその首都
の経度と緯度を当てさせます。
ノートに予想を書かせます。

その際，小数第1位で四捨五入します。

④ 教師はウェブなどで予め経度と緯度を調べておきます。例えばベル
リンなら，

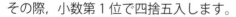
東経 13.4°　→　東経 13°
（四捨五入すると）

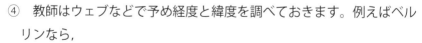
北緯 52.5°　→　北緯 53°
（四捨五入すると）

が正解となります。

⑤　答え合わせですが，何人かを指名して予想を出させます。その予想
をもとに選択肢を設けます。例えば，

　　　東経 11°　　東経 12°　　東経 13°
　　　北緯 52°　　北緯 53°　　北緯 54°

のようにです。選択肢を板書したら，クラス全員に「東経 11°だと思
う人？」という具合に聞いていきます。経度も緯度も答えを聞き終え
たら正解発表します。

板書例

⑥　これを毎時間行います。だんだん「緯度は大きくなると寒くなるこ
と」や「西経と東経にある国々の位置関係」がわかるようになってき
ます。

（土作　彰）

5 ランキングゲーム

【効能】

　ネットや農業白書などの資料から「生産物ランキング」の情報をゲットします。いろんな生産物（農業，水産業，工業など）のベスト10があっという間にわかります。これをゲーム化して子どもたちに当てさせると知的な授業になります。

【準備物】

・日本の白地図人数分

【やり方】

① 生産物のベスト10情報を集めます。例えば「みかん」だと次のようになります。（平成29年度）

1位　和歌山	2位　愛媛	3位　熊本	4位　静岡
5位　長崎	6位　佐賀	7位　広島	8位　愛知
9位　福岡	10位　神奈川		

② クラスを2チームに分けます。先攻後攻を決めて，各チーム順番に1人ずつ，ベスト10に入っていそうな都道府県名を答えていきます。1人につき1回のみ解答権があります。

③ 順位には予め獲得ポイントを決めておきます。例えば1位〜3位は2ポイント，10位は3ポイントという具合です。他はすべて1ポイントにしておきます。正解するとそのチームにそのポイントが入ります。最後にポイント数の多いチームが勝ちとなります。

④ チームでの相談は認めます。子どもたちは地図帳や資料集などを駆

使して正解を探すようになります。

⑤　終わったら一連の順位を白地図に書き込むとよいでしょう。例えば
みかんの場合は温かい地方（下図），りんごなら寒い地方（次ページ図）
で栽培されているのが一目瞭然となります。

（土作　彰）

社
会

「みかん」ベスト 10（平成 29 年度）

1 位　和歌山県	6 位　佐賀県
2 位　愛媛県	7 位　広島県
3 位　熊本県	8 位　愛知県
4 位　静岡県	9 位　福岡県
5 位　長崎県	10位　神奈川県

みかんの白地図

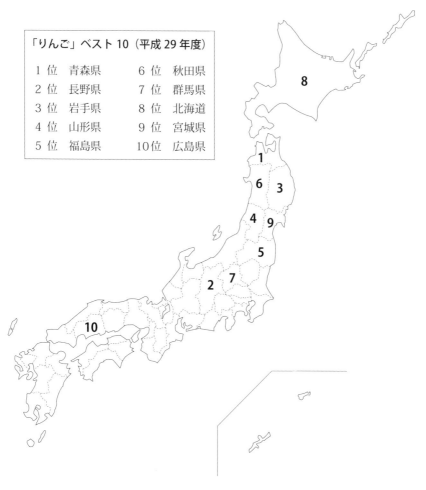

「りんご」ベスト10（平成29年度）

位	県	位	県
1 位	青森県	6 位	秋田県
2 位	長野県	7 位	群馬県
3 位	岩手県	8 位	北海道
4 位	山形県	9 位	宮城県
5 位	福島県	10 位	広島県

りんごの白地図

第2章

学級経営と授業を
スムーズに流せる
ようになるネタ

学級経営 1 学習しやすい教室環境を！

【効能】

　１年間のうち，約 200 日も通う自分の教室。少しでも「今日も行きたい！」「ああ，学校に行ってよかった！」という思いを一日一日，子どもたちに持ってほしいものです。

　不便体験も，その場に合わせて行動する必要がある社会での生活に適応していくために大切な学習ですので，それを排除しすぎることには反対ですが，学級の子どもの実態に応じて教室環境を整備する必要はあると考えます。

　これを行えば絶対によい！　という方法ではありませんが，子どもたちに合ったものが見つかれば，学校に通う気持ち，学びに向かう姿勢にもプラスの影響が出てきます。

【準備物】

　取り組みによって異なります。無理のない範囲で行いましょう。

【やり方】

《アイデア例①　学級文庫の整備》

　子どもの興味・関心に沿ったものや，学習マンガなど，気軽に読めて，ためになるものがおすすめです。自費で整備するのは大変ですが，子どものニーズに応えやすく，融通も利かせやすいです。（家への持ち帰りや汚損・破損などへの対応が柔軟にできます。）また，図書館司書を通して，図書室の本をまとめて貸し出してもらうなど，費用をかけずに整備することも可能です。

《アイデア例②　消臭剤の設置》

　においに敏感な子どももいます。特に夏場であったり人数の多いクラスであったりすると，様々な香りが混じり合い，不快に感じることもあるでしょう。置いておくだけで消臭してくれるものがおすすめです。

《アイデア例③　おもしろ・便利道具》

　「サイズの大きな黒板消し」は，見た目にインパクトがありますし，子どもも「使ってみたい！」と喜んで使います。しかも面積が広いので作業効率も上がります。細かい部分を消すために，「サイズの小さな黒板消し」もおもしろいです。（ほとんど使いませんが，子どもには人気！）

　「指さし棒」や「チョーク」など，普段使う物でも，一工夫あるもの，便利な文房具などを，少しアンテナを高くして見つけていくと，わくわくする教室になっていきます。

《アイデア例④　滑り止めマット・目隠しカーテンなど》

　姿勢の崩れやすい子どもの椅子の座面に，100円ショップなどで販売されている「滑り止めマット」を敷いてあげると，よい姿勢を保ちやすくなります。

　また，無関係なものに注意を向けやすい子どものために，棚などに「目隠しカーテン」の設置もおすすめです。　　　　　　　　　（坂本和哉）

学級経営

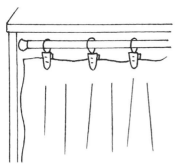
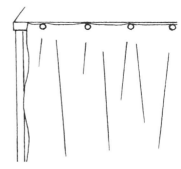

つっかえ棒にリング付きクリップを通し，カーテンをつるします（左図）。もしくは画鋲で止めます（右図）。カーテンの模様や色は落ち着いたもの（子どもが注意を向けにくいもの）にしましょう。開閉の頻度なども考慮して，安全に使えるようにしましょう。

おはよう‼　ハイタッチ♪
（朝の会など）

【効能】

　今一つ，学習の構えができていない子どもも見られる朝。体を動かし，心身ともに友達とふれあうことで，授業に向けての気持ちの準備も整ってきます。また，「〇〇さん，おはよう！」と声を掛け合うことで，互いの名前や顔が一致していきます。毎日継続することで，子ども同士のつながりも広く強くなっていくことが期待できます。

【準備物】

・子どものかかわりの広がり，深まりに応じたお題

（一例）

アクション1	アクション2	段階的に
あいさつ	ハイタッチ（片手）	
じゃんけん	ハイタッチ（両手）	
好きなもの	握手（片手）	
今日の目標	握手（両手）	

【やり方】

①　毎日の朝の会や帰りの会に，「相手の名前を呼び，（アクション1）をしたあと，（アクション2）をしましょう。これを全員とやります。何秒で全員クリアできるかな？」などと投げかけます。

②　クラス全体のタイムを記録しておき，翌日のめやすとします。実践している時に，特にどの子どもがお題の達成に時間がかかっているか，友達とかかわる順にどのような傾向が見られるかなどもチェックして

おくとよいでしょう。

③　繰り返し実践する中で，学級の仲間関係の偏り等をつかんでいきます。また，それに応じて，子どものかかわり方として望ましいと考えられるものに対し，「いいねえ」とほめて価値づけをしていきます。

※毎日継続するのであれば，途中でどのように変更するのかなど，バリエーションのアイデアを準備しておきましょう。

《バリエーション例：アクション１「あいさつ」》

　　敬語デー　「（氏名）様，おはようございます。」

　　ニックネームデー　「（ニックネーム），おはよう!!」

　　English Day　「Oh,（名前）. Good morning!」

《バリエーション例：去り際の一言》

　　また，アクション２のあとに，去り際の一言などを追加することもできます。例えば，

　　敬語デー　「本日もよろしくお願いいたします。」

　　ニックネームデー　「今日もよろしく！」

　　English Day　「See you!」「Good luck!」など。

◎何よりも楽しい雰囲気，気軽な交流が大切です。時間の計測は，最初から行わずに，中だるみの際に取り入れるなど工夫してください。
◎先生が一緒に行うのもおすすめです。素敵なかかわりのある学級をつくりましょう！

（坂本和哉）

学級経営
3

学級集団づくりに 「パーティゲーム」はいかが？
（朝の会，帰りの会，特活など）

【効能】

　子どもたち同士が自然に楽しくコミュニケーションする機会を設けることができます。また，勝ち負けにこだわりすぎずに，勝負を楽しむトレーニングにもなります。

【準備物】

・トランプ
・バランスゲーム
・黒ひげ危機一髪（のようなゲーム）
・すごろくゲーム　　　　　　　　　　　など

◎「少人数グループで」「全員がテンポよく参加でき」「ルールが簡易で」「短時間で決着する」ものが好ましいです。

【やり方】

　子どもたちが友達と過ごす時間はどのくらいあるのでしょうか？　また，その時間中，互いにかかわり合っている時間はどのくらいあるのでしょうか？　放課後，一緒にいても，各々がゲームに没頭し，一緒にいてもいなくてもよいような不思議な遊び方をしている子どもを目にすることも増えてきました。（これも現代の子どもたちの一つのコミュニケーションなのでしょうが……。）仲がよくない人とのかかわりは，さらに薄くなっています。

　学級の子どもたち同士の関係をつむいでいく機会を意図的に設けてい

くことが求められています。しかし，日々，授業づくりや生活指導に追われ，なかなか楽しいアクティビティも用意できない……という方もいらっしゃるでしょう。

　そんな時は，100円ショップなどで手軽に用意できるパーティーゲームがおすすめです。筆者の学級では，黒ひげ危機一発風のゲームや，順番にサルを木に引っかけていくバランスゲームが好評でした。このように，勝敗が運任せのものならば，誰が一番になってもおかしくはありません。グループもどんどん組み替えながらゲームを楽しみましょう。

　大したことではないかもしれませんが，「勝者に大きな拍手を送る」

というクラスの文化も築いていけば，誰でも賞賛を得られる機会となります。また，普段は負けることのない子どもが負ける経験もできます。周りからの声かけで，「ドンマイ」「そんなこともあるよね」「まあいいか」といった心の持ちようを学ぶことも大切です。

　当然，一度や二度の実践で子どもたちの関係は変化しませんが，子どもの実態に応じたものとなるよう，実践のたびに内容の見直しをし，アレンジしながら継続することで，徐々に関係は広がったり深まったりしていきます。

　「デジタル」のゲームにはない，「アナログ」のゲームの力も活かし，安心していられる，互いに認め合える学級の土台を築くことも検討してみませんか。

（坂本和哉）

10点満点評価スケール
（ふり返りなど）

【効能】

　自己評価やふり返り活動などをさせる時，観点をしぼり，1～10点で点数をつけさせます。ただし，整数のみです。「0点」をつけないことで，自信の喪失を防ぐことができます。（いくら出来が悪くても，参加した時点で0点ではないと考えましょう。）

　「ふり返りを書きましょう」では書き出せない子どもも，点数をつけるだけならば比較的容易に行うことができます。

　「どこがよいと思ってプラスの〇点をつけたの？」「マイナスの△点分は，どんなところから？」などと声をかけて一緒に考えるのもよいでしょう。

　自分がどのように考えて点数をつけたか，その理由などを交流したり，それをもとにノートに書かせたりすることができます。下の評価スケールを足場にして，自己評価やふり返り活動を発展させることが可能です。

【準備物】

　名札（マグネット付き）

◎評価スケールは個人評価の他に，クラス全体の評価などにも使用可能です。
◎評価スケールを黒板に提示し，自分の名札を貼らせます。

（スケール例）

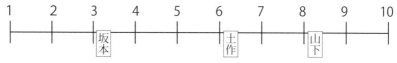

【やり方】

① （授業後に）「ノートに『ふり返り』と書きます。」
「今日の授業での自分の学びに点数をつけましょう。1〜10点で書きます。」

② 黒板の評価スケールに自分の名札を貼らせます。

③ 「次に，なぜその点数になったのか，その理由を書きましょう。『7点』をつけた人なら，まずプラスの7点分はどんなところかを書きましょう。そして，10点に届かなかったマイナスの3点分はどんなところかも書きましょう。」

④ 書き方がよくわからない子ども，どのような言葉を使えばよいかわからないという子どもが見られることもあります。慣れるまで，書いたふり返りを子ども同士で交流するなどの時間を確保すると，書き方について学び合うことができます。

> 　子どもたちと「ふり返り」の目的について共通理解をはかっていくことも大切です。今日よりも明日，明日よりも明後日……と，少しずつ成長していく自分を感じていくためのものです。
>
> 　また，少しずつ自分を正確に客観視できるようになる，自己省察できるようになるための練習です。毎日が「成長」ばかりではなく，自己評価が落ちる日もあることに気付くことができます。
>
> 　紆余曲折ありながらも一年後，進級時に「一年前よりも成長できた！」という実感が得られれば大成功！　という最終目標も示しておきましょう。

（坂本和哉）

学級経営 5 パチパチ!!
―「拍手」で称賛の文化を築く!―

【効能】

　価値ある行動，見習いたい姿勢などに気付いたら，すかさず取り上げてみんなで拍手を送りましょう。一人ひとりが言葉にして説明しなくても，素晴らしい拍手によって称賛する気持ちはしっかりと伝わります。

　一人ひとりの労力は非常に小さく，しかも瞬間的に相手を称賛できるのが「拍手」の魅力です。集団の外から見ても中にいても，雰囲気が大変よくなることがわかります。一人ひとりが手を動かし，音を出し，プラスの心情を表現するためでしょう。素直にほめ言葉を受け止められない子どもであっても，拍手を送られることに対しては反発しづらいというメリットもあります。

　繰り返し行っていくことで，子どもたち同士で互いのよい部分を見つけ合うこともできるようになります。

【準備物】

教　師：子どものよいところを見つけ，プラスに評価する力！　アンテ
　　　　ナを高くしていきましょう！
子ども：相手のよさを認め，称賛する心。最初はできなくても，だんだ
　　　　んと養っていくことが大切です。

【やり方】

①　慣れるまで，「拍手」の原則を指導していきます。「原則」は先生の
　　お好みで。筆者は，「3秒間！（短時間で）」「爆発的に！（十分な大
　　きさで）」「何回たたけるか!?（速くたたく）」と指導しました。

「拍手」の効能について，共通理解をはかることが効果的な子ども
もいます。子どもたちの実態をよく分析して指導していきましょう。

② 　最初は教師が子どもに対して価値づけをし，「拍手〜！」と声をか
け，教師自身が原則通りの拍手をしていきます。そのうちに，自然と
拍手を送ることのできる子どもが出てきます。

　自然と拍手をできる子どもに対して「拍手！」というのもアリです。
プラスの循環を生み出していきましょう！

③ 　定着するまで根気強く，変化も加えながら繰り返していきます。続
けていくと，中だるみの時期もやってきますが，最初に学んだ「拍
手」の原則や効能などを確認したり，ゲームに取り入れたりしながら，
拍手を送り合う，称賛し合える状況が当たり前になるように教室文化
を築いていきます。

　例えば，子ども一人ひ
とりの誕生日に，

　「今日は〇〇さんの誕
生日です！　みんなで
『おめでとう』を伝えま
しょう！　せーの！」

　「（みんなで）おめでと
う！」

　「盛大な拍手を！」（パチパチ!!）
という学級のイベントを設定するのもおすすめです。

　　短時間ですが，子どもたちの笑顔を見ていると，子ども同士の
相互承認に一歩近づいている気がしています。
　　安心して学べる学級でこそ，学力も高まると考えます。

（坂本和哉）

日めくりカレンダー
―ここぞ！ という，大切な行事などの前に―

【効能】

　「運動会」「音楽会」「発表会」「終業式」「修了式」「卒業式」……，学校には様々な行事があります。

　その中でも特に意識をして過ごさせたいもの，目標を掲げて達成させたいものについては，残りの日数を可視化し，示すことが効果的だと考えます。

　「まだまだ先」「もうそろそろ」などという曖昧で感覚的な言葉で残り日数をぼやかしてしまうのではなく，「あと○日」と明示することで，その日が迫る実感を得ることができます。

【準備物】

・同じ大きさの白紙（残り日数分。大きさは A4 や B5 など，普段から職員室に置いてあるような手に入りやすいものがよいでしょう）
・筆記用具（太字が書ける油性ペンがあるとよりよいでしょう）

　◎日めくりカレンダーを毛筆セットと半紙で作ることもできます。子どもの実態に応じてアレンジしてください。

【やり方】

①　教師は残り日数をカウントダウンしたい行事を決め，あと何日なのかを確認しておきます。筆者は，土日祝日を除いた登校する日数にしています。

②　子どもたちに「日めくり」についての説明を行います。

　例えば，3学期の始業式の日に，

　「卒業式まであと何日，学校で授業を受けると思いますか？　隣の人と予想してみましょう。」

　（何名かに予想をきく）

　「正解は〇日です。今日も入れて，たったの〇日です。小学校に通う日数は6年間で約1200日です。それがあとたったの〇日。あと〇日で卒業式を迎え，中学校へと進学していくのです。とても大切な〇日間です。だからこそ，『残りあと何日だ』と意識をしながら一日一日を大切に過ごしてほしいと思います。

　　そこで，『日めくり』をみんなで作って，毎日『あと何日か』を確かめられるようにすることを提案します。」

③　「（行事）まで　残り〇日」などという日めくりのレイアウトを示し，作成させます。教師自身がモデルを作って示すと子どもたちにも伝わりやすいです。

④　日めくり一日分を一人で担当させます。一枚一枚から，作った子どもの工夫や努力が感じられるものとなります。一人ひとりの工夫や努力を必ず学級のみんなが目にすることで，相互承認のきっかけとなることを願っての取り組みです。

　　　　　　　　（坂本和哉）

◎筆者は日直をその日の「日めくり」の担当者としました。「（行事）まで　残り〇日」だけでは味気ないと考え，「座右の銘」や「行事までの目標」などを日直に書かせ，朝の会で発表させました。

7 デジカメよりもスマートフォン!?
（学校生活全般）

【効能】

　即座に子どもの素晴らしい行動や学級の様子などを写真・動画に残すことができます。学級通信の話題として生かし，保護者とも，学級の子どものよい部分を共有できます。

【準備物】

・スマートフォン

> ◎セキュリティ面への配慮が大前提です。使用するスマートフォンは「カメラ専用」であって，「ネットワークに接続しない」こと，「私的に使用しない」ことなど，ルールを厳しく自分に課すようにします。

【やり方】

　子どもたちは，ふとした時にその「よさ」「素晴らしさ」を発揮するものです。そんな時，さっと写真を撮ることができたなら，その行為をふり返って価値づけし，周囲の子どもにも広めることができます。

　毎学期初め，筆者がまず注目する部分は，「昇降口」です。

　学級の子どもたちが全員下校した後，げた箱の様子や傘立ての様子を写真に収めます。そして，翌日，それをもとに作成した通信を使って，子どもたちに話をします。学級にテレビ画面やスクリーン，プロジェクタといったデジタル機器が揃っている場合，効果はさらに高まるものと考えます。

　もちろん，叱るために使うのではなく，ほめるために使うことが主と

なります。例えば,「はきもの」を決まった場所に戻すお話をして,「君たちは当たり前のようにしていることだけれども,こんなに価値のあることなんです!!」と,少し大げさなくらいに価値づけていきます。

　ふと,行動の緩みが見られた場合に,それを正す際に利用することもできます。一度だけでなく,二度,三度……と,折を見て価値づけたり指導をしたりすることで,「先生はいつも見ているんだな」ということを意識させることもできます。

　実際に,うわぐつを決まった場所に戻さなかった子どもが約20%いた学級でも,1学期が終わる頃には自然とげた箱に戻すことを意識できるようになります。

　よいことの習慣化を促すためにも,写真など,根拠になるものを示すこと,具体的なものを示すことは効果的だと考えます。

　スマートフォンは,持ち運びやすい「サイズ」「軽さ」であり,カメラ起動の「速さ」などのメリットがあって,使いやすいです。外部の機器への出力も,しくみを学級に作っておけば非常に有用です。一方,情報の取り扱いには十分気を付けてください。

（坂本和哉）

練習は変化のある繰り返しで！
（全教科）

【効能】

　「九九」にはじまり，「ローマ字」「都道府県名」「時代」など，小学校で確実に身に付けさせたい知識は数多く存在します。ただただ同じ方法で繰り返していると，多くの場合，だんだんと子どもの意欲がなくなっていきます。飽きさせず，意欲を保持させるために，必要に応じて「小さな変化」を加えていきましょう。同じ学習でも，クイズ形式，競争形式，チャレンジ形式など，いろいろと工夫でき，他のことにも応用していくことができます！

【準備物】

・フラッシュカード
・パワーポイントなどで作成したスライド　など
※先生にとって使いやすいもので結構です。

【やり方①　順番通りに覚えましょう！】

① 　全員で練習します。フラッシュカードやスライドを利用します。
② 　座って，立って，前を向いて，右を向いて，左を向いて，ジェスチャーしながら，歩きながら……など動きのバリエーションで変化をつけることも可能です。
③ 　一人で練習します。一部分からスタートして，最後は全部。

　◎「私はこうすると覚えやすい」などという各自の気付きも大切にしたいところです。

【やり方②　友達とチェックし合おう‼（二人以上で）】

①　ペアで一人ずつテストをします。相手に合格と判定してもらえるでしょうか。

②　一人一つずつ言っていきます。学級全員で取り組みます。

③　グループで一人一つずつ交代で言っていきます。その後，みんなの前で発表します。

④　ペアで問題を出し合います。単純なものから，複雑なものへ。

◎「私の覚え方」や「豆知識」などを教え合うのも効果的です。相手に教えるつもりで学ぶことで，より理解が深まります。

【やり方③　逆順でも唱えられる？（チャレンジ）】

①　一人で練習します。例えば，九九の９の段なら，

順番通り	逆順
$9 \times 1 = 9$	$9 \times 9 = 81$
$9 \times 2 = 18$	$9 \times 8 = 72$
$9 \times 3 = 27$	$9 \times 7 = 63$
⋮	⋮
$9 \times 8 = 72$	$9 \times 2 = 18$
$9 \times 9 = 81$	$9 \times 1 = 9$

②　ペアやグループで練習します。

③　みんなの前で発表します。

④　他にも，「3×7は？」「みんなが住んでいるここは何県？」「平成の次は？」「答えが21になる九九はいくつある？」「四国４県をすべて言いなさい」「江戸時代の２つ前は？」などと教師がランダムに質問を投げかけていくこともできます。その場合，教師の問いのバリエーションや瞬発力が要求されます。

（坂本和哉）

ほめ言葉・プラス言葉を増やそう！
（教師修行）

【効能】

　身の回りにあふれている言葉，相手をほめる言葉（プラス言葉）とけなす言葉（マイナス言葉），どちらを多く耳にしますか？　私の体感としては，圧倒的に「けなす言葉」が多いように感じます。子どもたちが互いに使っている言葉を聞いてもそうではないでしょうか。

　この背景にはこの国の文化や風習の影響もあると考えますが，「聞く言葉が心をつくる」「使う言葉が未来をつくる」という言葉もあるほどです。私たちは，もっとほめる言葉を意識して身に付け，使っていかなければならないと考えます。そのためのセルフトレーニングを紹介します。

【準備物】

　なし（二人以上で行うならば，ひらがな 50 音のシートなどがあってもよいでしょう）

【やり方】

① 「あ」「い」「う」「え」「お」，それぞれからはじまるほめ言葉（プラス言葉）を一つずつ口に出していきます。

　例：「あ」…ありがとう，あなたがいてくれてよかった

　　　「い」…いいね，イライラしても我慢できたね

　　　「う」…うれしい，うまくなったね

　　　「え」…エクセレント！，えっ⁉　もうできたの？

　　　「お」…おめでとう，御見それしました！

　こんなのでいいの？　というものもあると思いますが，子どもたちの姿を目にした時，ほめ言葉がとっさに出てくるようになることが大切なので OK です。気楽にやりましょう。「学級のあの子」をイメージしながら考えると，より具体的に，実用的な言葉が出てくるはずです。

② 「か」「き」「く」「け」「こ」……と，50 音すべてで，ほめ言葉（プラス言葉）が一つずつは出てくるかチャレンジします。意外と難しいので，最初はできなくて当然です。定期的にトレーニングをした

「か」かなり いいかんじだよ！
「き」きれいに できたね
「く」くじけずに
「け」けして…
「こ」こんなに…

り，現場で意識をしてほめ言葉を使ったりすることで，確実に出てくる言葉は増えていきます。

③ 　自分で行うだけでなく，誰かと一緒にトレーニングをするのもおもしろいです。他者が持つ言葉を吸収していくのがほめ言葉を増やす近道です。現職教育など，大勢で行う校内研修の機会に少し時間を設け，互いのほめ言葉を増やし合うということも考えられます。

　ほめ言葉をたくさん持つと，それを使いたくなってきます。そうすると，子どもたちの悪い部分を見つけて注意することよりも，よい部分を見つけてほめることのほうが増えてきます。

　教師（大人）としての視点が広がり，おおらかに構え，子どもたちにプラスのかかわりをしていけるのではないかと考えています。ただし，当然ですが注意すべきことは注意します！

（坂本和哉）

学級経営

10 いろいろな課題を抱える 子どもを疑似体験（教師修行）

【効能】

　「どうしてこんなこともできないのか⁉」と怒りをおぼえたことのある教師……はい，私（筆者）です。今も振り返ると，なんとひどい捉え方をしていたものかと胸が締め付けられます。そんな経験は重ねたくないものです。

　「その子自身になってみなければわからない」，確かにその通りなのですが，きっとこうなのではないか？　と自分の知識を増やし，経験を活かし，体験なども通して推し量っていくことは，我々教師の永遠の課題なのではないでしょうか。疑似体験などを通して，少しでも困っている子どもの気持ちを理解したいものです。

【準備物】

・イヤーマフ（難聴体験）
・漢字ドリルなど，なぞり書きのある教材（書字困難体験）
・厚手の軍手 2, 3 組（手先の不器用さ体験）

【やり方①　難聴体験】

　イヤーマフをつけて行動します。

　小さな声での呼びかけや，背後からの声などが非常に聞こえづらいです。また，何と言っているか音がぼんやりとしか耳に届かないため，聞き直しが多くなります。

96

　一生懸命に聞こうとするあまり，体が相手に近くなったり表情が険しくなったりすることもあります。

◎何よりも体験してみて，ご自身がどのように感じたかが重要です。ぜひ危険のない場所で試してみてください。

【やり方②　書字困難体験】

　利き手でないほうの手に鉛筆を持ち，画数の多い漢字のなぞり書きをします。1ページクリアするのにどの程度時間を要するか，計ってみてもよいでしょう。非常に疲れます。

◎非常にストレスフルな時間になります。これが毎日続いたら，毎時間行わなければならなかったら，家でもやらなければならなかったとしたら，相当にハードですね。

【やり方③　手先の不器用さ体験】

　両手に厚手の軍手を2～3枚重ねてつけ，パソコンでの文字入力や書字など，手先を使う作業を行います。また，いろいろな手触りのものを持ってみます。感覚や動きが随分と鈍くなることがわかります。

　教師が体験するだけでなく，必要に応じて子どもたちにも体験させたいものです。車いす体験，バリアフリー体験などの機会もありますが，他者理解のためにはそれだけでは不十分な時代になっていると考えます。身近な人の中にも，このような困難を抱えている人がいるかも，という可能性を考えることができるようになることに価値があるのではないでしょうか。

（坂本和哉）

学級経営

11 給食の配膳は全員でやろう！

【効能】

配膳時間が大幅に短縮されます。

【準備物】

特になし

【やり方】

① 全員を次の3パートに分けます。

・キッチン組…エプロンを着用し，おかずやご飯を実際に給仕します。

・ホール組…キッチン組が給仕した料理を机まで運びます。

・テーブル組…運ばれたお盆上の容器やトレーを正しい位置に置きます。

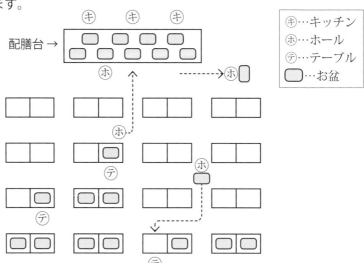

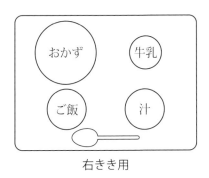 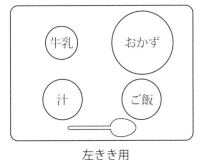

右きき用　　　　　　　　　　　　　左きき用

② 配膳は10分以内に終わるはずです。きっと従来の方法よりもはる
かに短い時間で完了するはずです。この時に次のように言います。
　「いつも15分はかかっていた給食準備が，今日は10分を切りまし
た。なぜかわかりますか？」

③ すると，「友達と協力したから」「友達の分を先にやったから」「自
分のことは後回しにしたから」などの意見が自然と出てくるはずです。

④ ここで，「そうですね。みんなと力をあわせると時間＝人生＝命を
大切にできるのですね。みんなは協力して友達の命を大切にした行動
が取れたのです。素晴らしい！」と言ってほめてあげましょう。成功
体験を共有するので学級の雰囲気はぐっとよくなります。

⑤ 事情（隣のクラスと合わせなければならないなど）が許さず，①の
方式ができない場合には，従来のカフェテリア形式で時短を図りま
しょう。これも至って簡単です。自分の分は後にして，まずは友達の
分を優先して取りにいくのです。1人が2回も行けばあっという間に
準備は整います。

⑥ この時，当然配膳をしなかった子もいるので，「今日並ばなかった
人は誰かが準備に行ってくれたのですね。その人は誰かわかりません
が，知らぬ間に友達同士が支え合っている！　素晴らしいことですね。
拍手〜！」と言ってみんなで讃えましょう。　　　　　　（土作　彰）

12 清掃士免許制度

【効能】

掃除にプライドを持ち，一生懸命頑張る子が増えます。

【準備物】

・清掃士試験問題

【やり方】

① 子どもたちに次のように言います。

「掃除はいやいやする仕事ではありません。ですから今日からは，やりたくない人はやらなくても構いません。掃除したい人は試験を受けてもらいます。志願する人には試験問題を渡しますので，明日までにしっかり自分の『答え』を書いてきてください。」

② そう言って次ページの試験問題を配付します。きっちり書いてきた子には「じゃあ，教室の掃除ね」「あなたは廊下の掃除ね」などと担当場所を割り振っていくとよいでしょう。

③ そうした上で，「まず今週1週間は見習い期間です。書いてきた仕事の流れでやってみてください。私はみなさんの掃除中の動きを見ています。頑張ってください」と言います。

④ そうして掃除場所に行かせます。動きが概ね真面目なら「合格発表」してあげましょう。朝一番に黒板に貼っておくと，子どもたちは「あったあ！　合格だ！」と入試の合格発表並みに喜んでくれます。

（土作　彰）

３級清掃士資格取得試験　１次試験

志願者氏名	
希望する清掃場所	
希望する仕事	

課題①　「一生懸命掃除する」とはどんな掃除の仕方ですか？

課題②　あなたはなぜ掃除をしたいのですか？

課題③　仕事の流れ

時間 （分）	やること
1	
2	
3	
4	
5	
6	
7	
8	
9	
10	
11	
12	
13	
14	
15	

● 編著者紹介

土作　彰

1965 年大阪生まれ。現在奈良県広陵西小学校教諭。

2002 年奈良教育大学大学院教育学研究科修了。

研究題目『学級経営における教師の指導性に関する研究』

最近は山口県の中村健一氏や大阪府の金大竜氏らとタッグを組み「学級づくり」を改革すべく全国を縦断中。「学級づくり」改革セミナー主宰。

主な著書に『授業づくりで学級づくり』『コピーして使える授業を盛り上げる教科別ワークシート集（高学年）』編著，『42 の出題パターンで楽しむ痛快理科クイズ 660』共著（以上，黎明書房），『子どもを伸ばす学級づくり』（日本標準），『ミニネタで愉快な学級を創ろうよ』（学陽書房）など多数。

● **執筆者**（50 音順。所属は執筆時のものです。）

鬼澤信一　（東京都公立小学校教諭）

嘉手川桐郎　（東京都公立小学校教諭）

坂本和哉　（和歌山県公立小学校教諭）

土作　彰　（奈良県公立小学校教諭）

山上勇樹　（東京都公立小学校教諭）

＊イラスト・伊東美貴

知っているだけで大違い！　授業を創る知的ミニネタ 45

2020 年 4 月 25 日　初版発行

編著者	土　作	彰
発行者	武　馬	久仁裕
印　刷	藤原印刷株式会社	
製　本	協栄製本工業株式会社	

発行所　　　　株式会社　黎　明　書　房

〒460-0002　名古屋市中区丸の内 3-6-27　EBS ビル　☎ 052-962-3045
FAX 052-951-9065　振替・00880-1-59001

〒101-0047　東京連絡所・千代田区内神田 1-4-9　松苗ビル 4 階
☎ 03-3268-3470

落丁本・乱丁本はお取替します。　　　　ISBN978-4-654-02330-1

授業づくりで学級づくり

土作彰著
A5・125頁 2000円

子どもたちが「このクラスの仲間と一緒に学べて良かった！」と思える学級づくりを意識した授業づくりのノウハウを，国語・社会・算数・理科・体育・給食の実践を通して紹介。

コピーして使える授業を盛り上げる
教科別ワークシート集〈高学年〉

土作彰・中村健一編著
B5・79頁 1800円

小学校高学年の授業の導入や学級づくりに役立つ，著者の教育技術の全てをつぎ込んだ楽しいワークシート集。国語・算数・理科・社会の各8項目に学活3項目を加え，計35項目収録。コピーして何度でも使えます。「エライ！ シール」付き。

42の出題パターンで楽しむ**痛快理科クイズ 660**

土作彰・中村健一著
B6・93頁 1200円

教師の携帯ブックス⑤／授業を盛り上げ，子どもたちをあっという間に授業に引き込む，教科書内容を押さえた660の理科クイズと，クイズの愉快な出し方を言葉掛け付きで42種紹介。理科の知識が笑って身に付き，学力がぐんとアップ！

新装版 教室で家庭で
めっちゃ楽しく学べる国語のネタ 63

多賀一郎・中村健一著
A5・96頁 1600円

短い時間ででき，楽しみながら国語の言語感覚を磨けるクイズやゲーム，パズル，ちょっとした話などを，低学年・中学年・高学年に分けて紹介。国語が苦手な子も得意な子も勉強に飽きさせない，おどろきの面白ネタが満載。新装・大判化。

新装版
めっちゃ楽しく学べる算数のネタ 73

中村健一著
A5・96頁 1600円

子どもたちがなかなか授業に乗ってこない時，ダレてきた時などに使える，子どもが喜ぶ算数のネタを，低学年・中学年・高学年・全学年に分け紹介。算数が苦手な子も得意な子も飽きさせない楽しいネタがいっぱい。新装・大判化。

表ネタが通用しない場面へ投入！
学級づくり＆職員室の裏ネタ 45

中條佳記著
B6・98頁 1400円

教師のための携帯ブックス㉔／普通のネタ（表ネタ）よりも強力な，本当に困った時の，頼りになる裏ネタを45種厳選して紹介。学習意欲を高めるネタや絆を深めるネタ，学習規律をつくるネタやご褒美グッズなど満載。

表ネタが通用しない場面へ投入！
授業づくりの裏ネタ 38 ＆使えるアイテムネタ 4

中條佳記著
B6・92頁 1400円

教師のための携帯ブックス㉕／各教科の授業を盛り上げ，知識の定着を図る，普通のネタよりも強力な授業づくりの裏ネタを38種厳選収録。使えば，授業も学級経営もさらに充実するアイテムネタも4種紹介。

■ホームページでは，新刊案内など，小社刊行物の詳細な情報を提供しております。
「総合目録」もダウンロードできます。http://www.reimei-shobo.com/

小学校　授業が盛り上がる
ほぼ毎日学習クイズ BEST365
蔵満逸司著　　B5・94頁　1800円

授業の導入や，スキマ時間，家庭学習に役立つ，ほぼ毎日できる365問。クイズはすべて，その日に起きた出来事などから作られた三択クイズ。楽しみながら知識を増やし，思考力を高めることができます。

クラスを「つなげる」
ミニゲーム集 BEST55+α
中村健一著　　B5・62頁　1650円

クラスをたちまち1つにし，先生の指示に従うこと，ルールを守ることを子どもたちに学ばせる，最高に楽しくておもしろい，今どきの子どもたちに大好評のゲーム55種を厳選。2色刷。

つまらない普通の授業をおもしろくする！
小ワザ＆ミニゲーム集 BEST57+α
中村健一著　　B5・62頁　1660円

おもしろみのない普通の授業を，ちょっとしたワザとゲームで盛り上げおもしろくするネタを57紹介。子どもたちが授業にのってこないとき，飽きてきたときでも授業にすぐ集中できます。成功の秘訣やプラスαのネタも教えます！　2色刷。

ゲームはやっぱり定番が面白い！
ジャンケンもう一工夫 BEST55 ＋α
中村健一著　　B5・62頁　1650円

定番ゲームの王様「ジャンケン」にもう一工夫加えた,「餃子ジャンケン」「サッカージャンケン」等の最高に盛り上がるジャンケンゲーム55種を厳選収録。学習規律をつくるジャンケンもあります。2色刷。

新装版　子どもが大喜びで先生もうれしい！
学校のはじめとおわりのネタ 108
中村健一編著　　A5・127頁　1800円

日本一のお笑い教師・中村健一先生の，1年間，1日，授業，6年間の学校におけるはじめとおわりを充実させるとっておきの108のネタ。子どもたちを飽きさせない工夫がいっぱいの教師のバイブル。気がつけば楽しいクラスのできあがり！

CD-ROM 付き　授業や学級経営に活かせる
フラッシュカードの作り方・使い方
中條佳記著　　B5・65頁　2300円

国語・算数・理科・社会や給食指導などで，子どもたちが楽しみながら基礎的な知識を習得できるフラッシュカードの作り方，使い方を紹介。CD-ROMには印刷してすぐ使えるフラッシュカード約1300枚を収録。

もっと素敵に生きるための前向き言葉大辞典
青木智恵子著　　A5・109頁　1700円

子育て，保育，教育，友人，恋愛，人生，ビジネス，介護，自分などに関する「後ろ向き言葉」を「前向き言葉」にどんどん変換！　自分もみんなも人生がポジティブになる，マンガでわかる大辞典。著者曰く「褒め殺しの達人になれる本」。

表示価格は本体価格です。別途消費税がかかります。